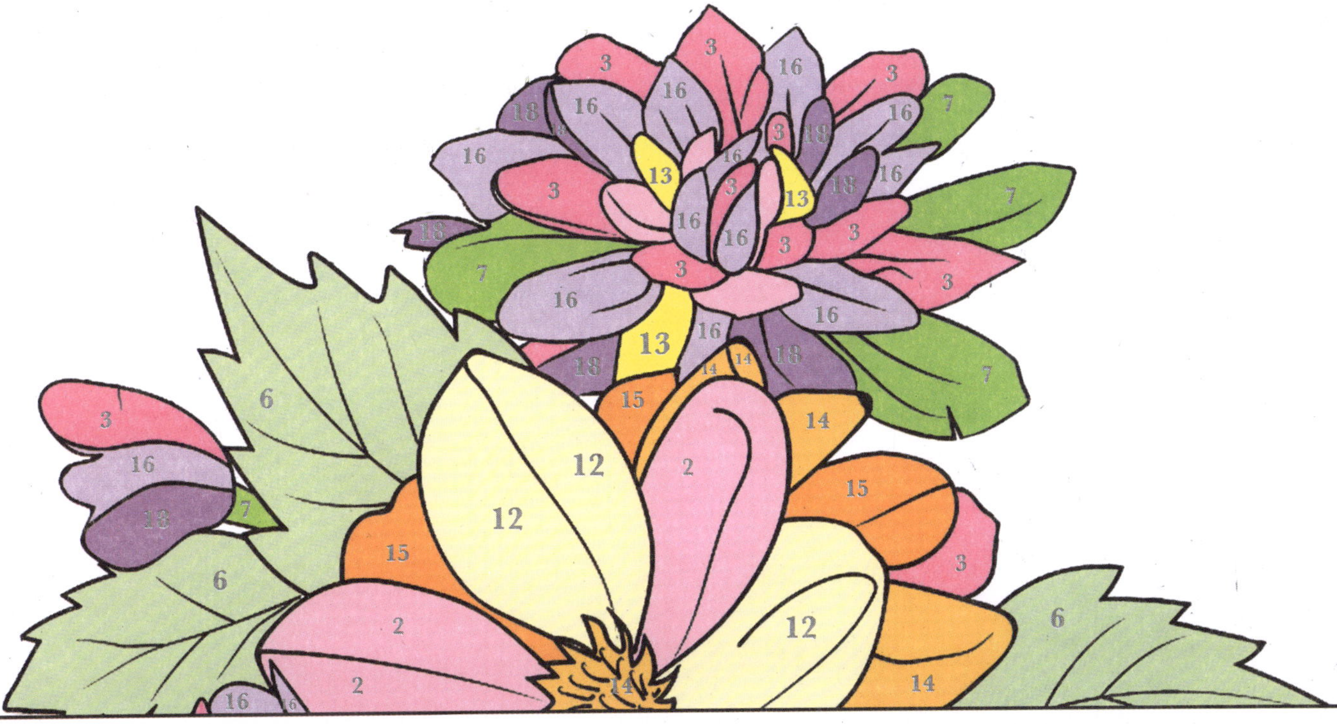

Colorea por números

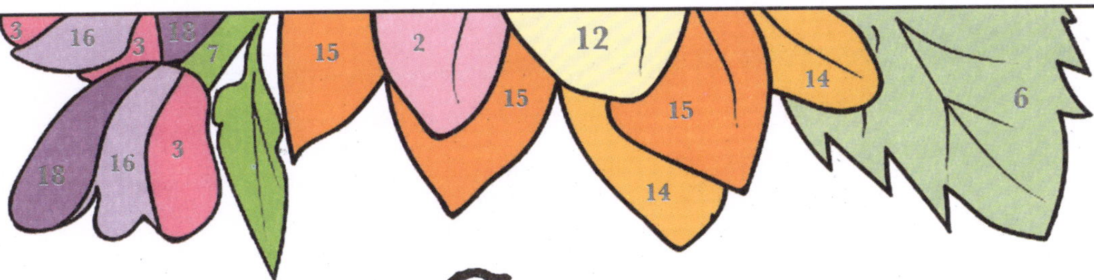

Flores

susaeta

Dejar en blanco

1- Rosa claro

2- Rosa

3- Fucsia

4- Rojo

5- Verde claro

6- Pistacho

7- Verde

8- Verde oscuro

9- Azul palo

10- Azul

11- Azul marino

12- Amarillo pálido

13- Amarillo

14- Anaranjado

15- Naranja intenso

16- Malva

17- Lila claro

18- Lila oscuro

19- Morado

20- Marrón claro

21- Marrón

22- Marrón oscuro

23- Marrón intenso

Diseño gráfico: Eduardo Trujillo

C/ Campezo, 13 - 28022 Madrid
Tel.: 91 3009100
www.susaeta.com

D.L.: M-30297-MMXXIII

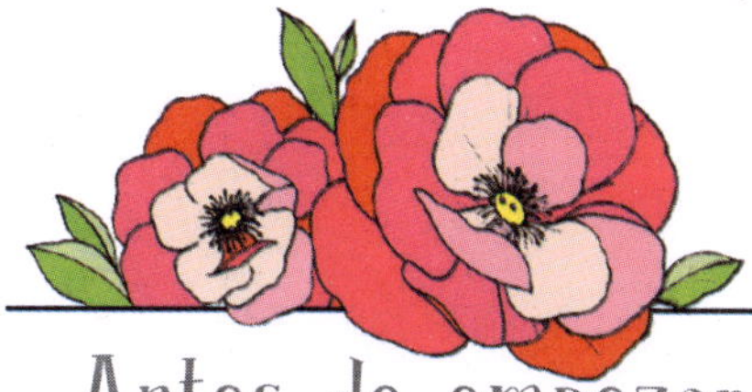

Antes de empezar

¿Te gusta colorear? ¿Eres un amante del mundo de las flores? Entonces, este es tu libro.
En las siguientes páginas, encontrarás una fantástica selección de láminas para colorear por números con las que podrás disfrutar de la belleza de las flores mientras desarrollas tus dotes artísticas.

Para colorear las láminas, solo tienes que seguir las indicaciones de la guía que tienes en la página anterior. Cada número se corresponde con un color concreto. Incluso está representado el blanco: cuando encuentres un espacio sin numerar, simplemente no lo colorees.

Para que te resulte más sencillo, te recomendamos que asocies tus lápices con cada uno de los colores de la guía; puedes etiquetarlos con el número correspondiente a esos colores.

Déjate llevar por una actividad relajante y divertida que te ayudará a desconectar del estrés cotidiano. Además, colorear es una forma estupenda de estimular tu creatividad y tu imaginación.

No lo pienses más, elige atentamente tus lápices y comienza a crear paisajes maravillosos.

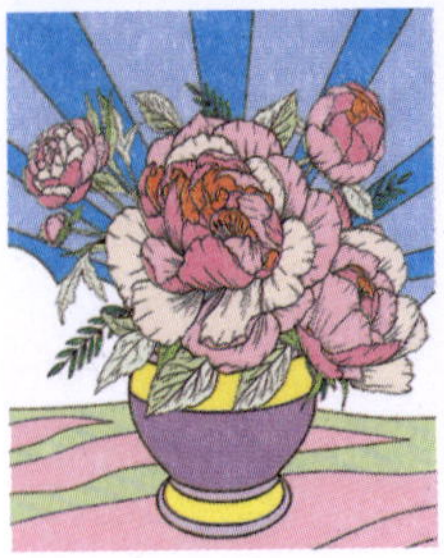
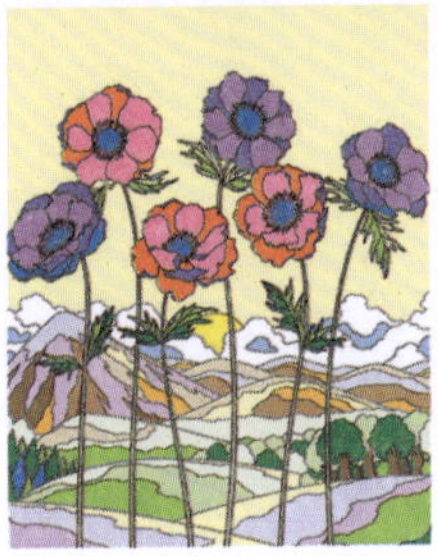
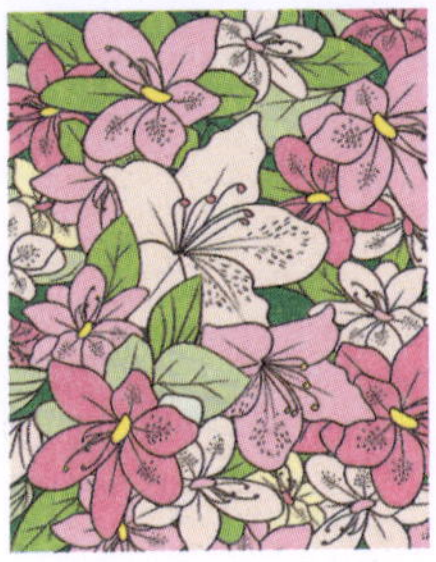
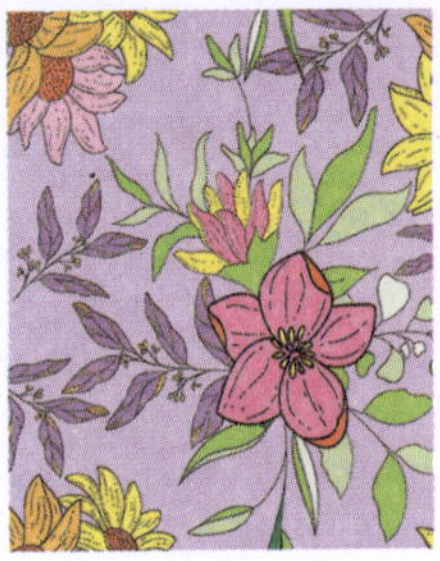
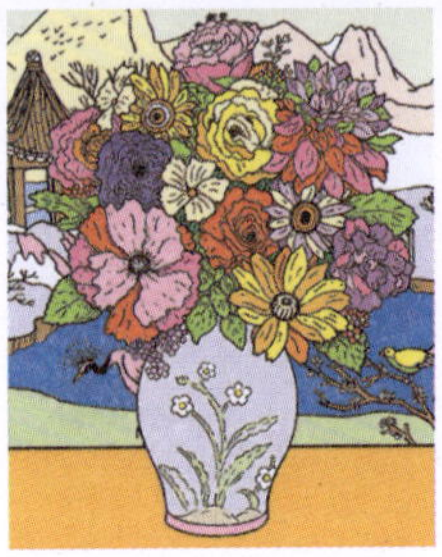
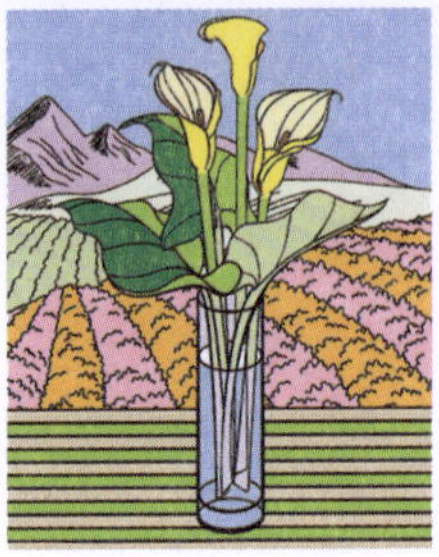
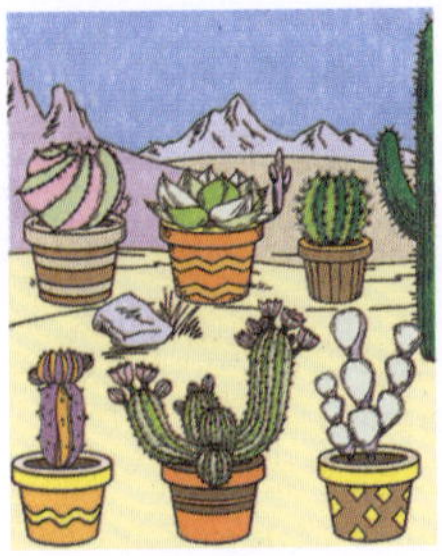
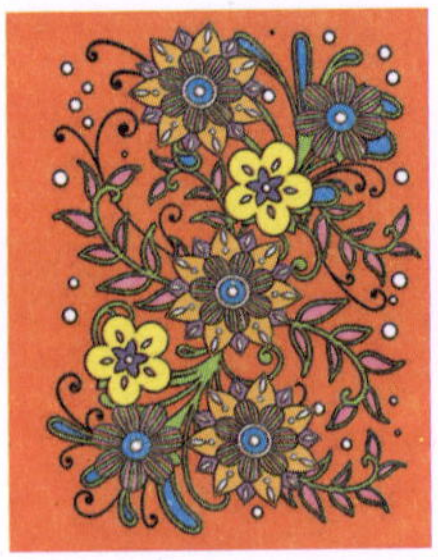
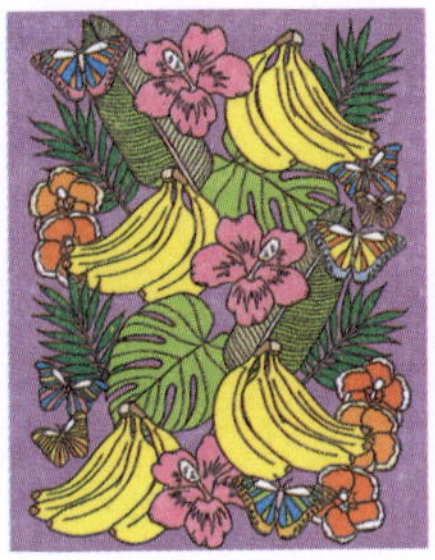
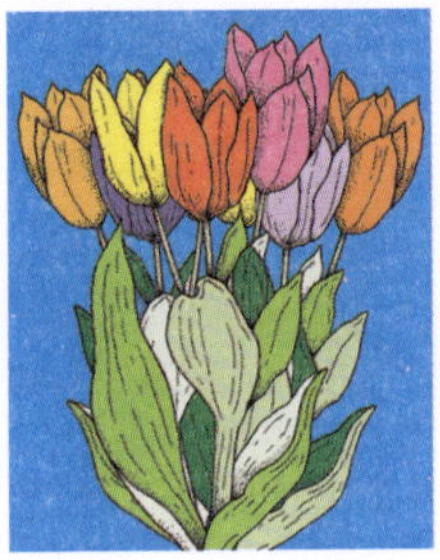
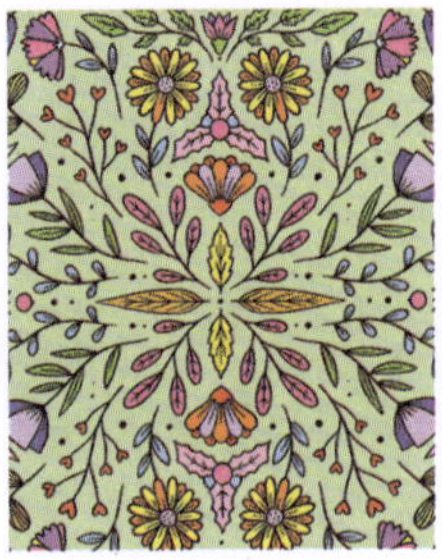
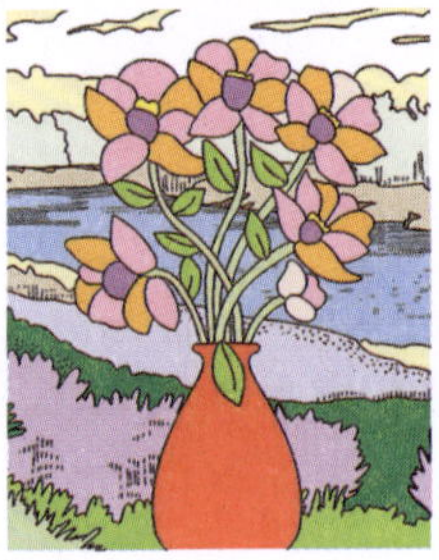
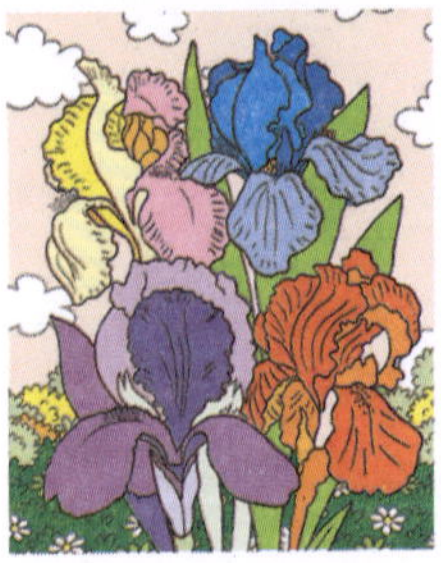
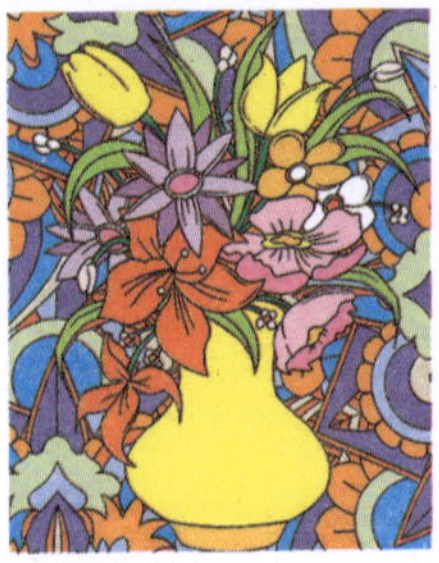
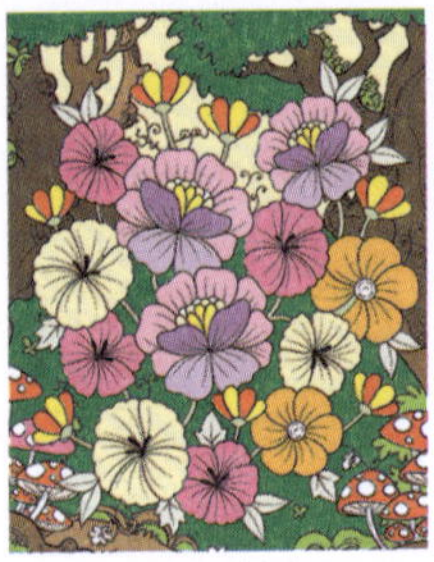
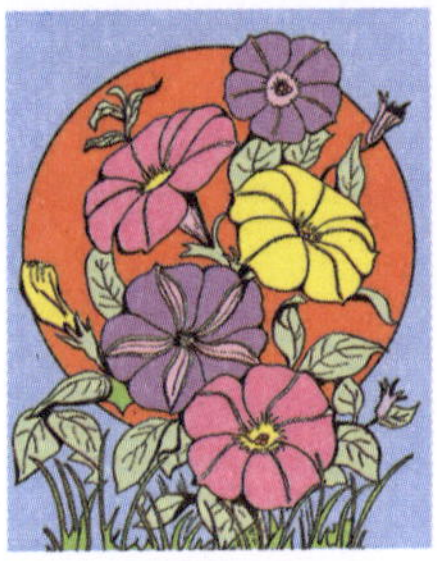
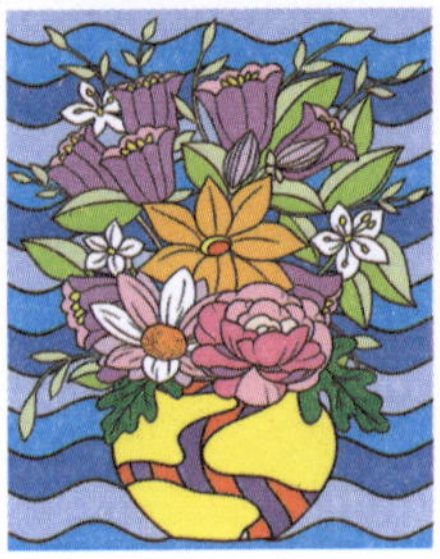
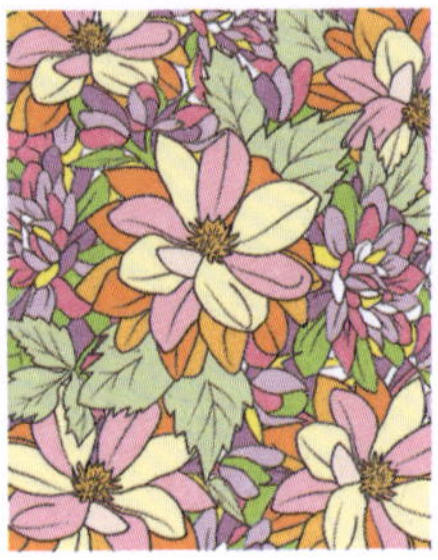
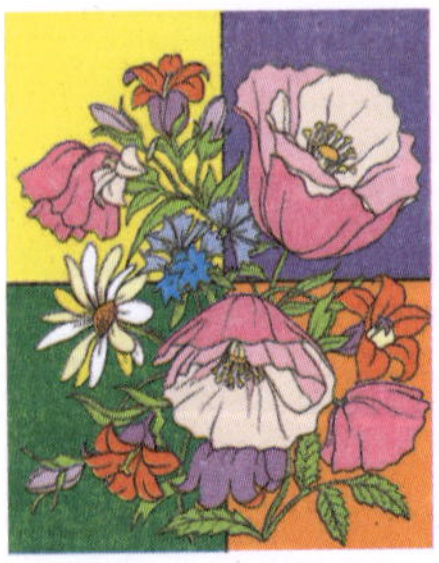
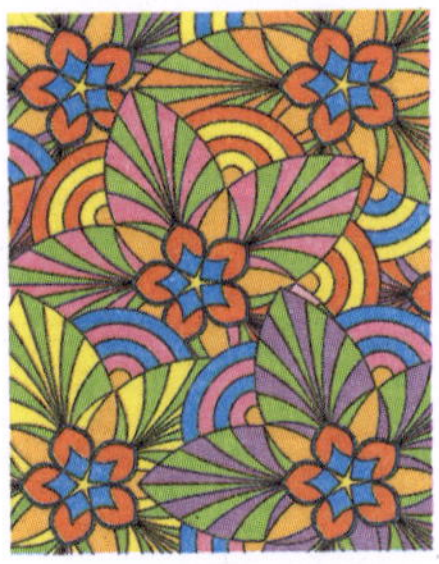
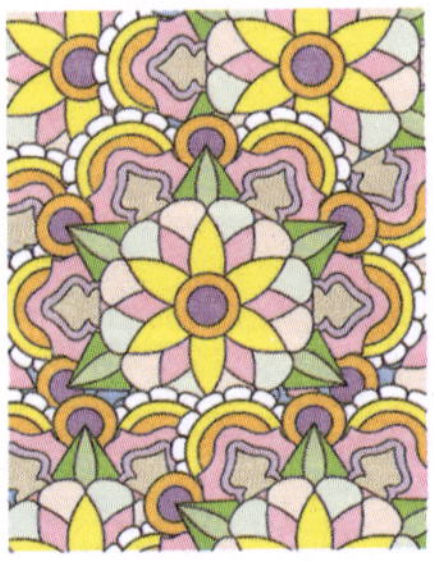
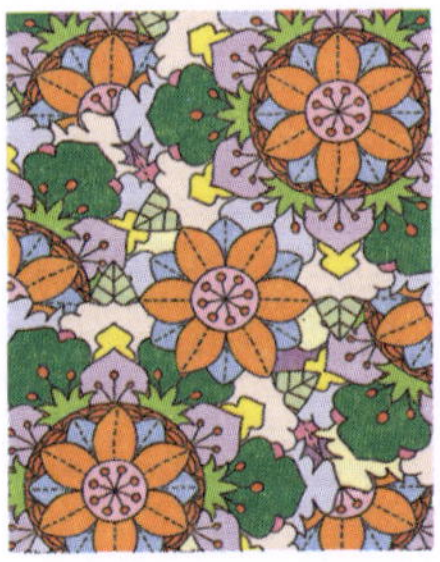
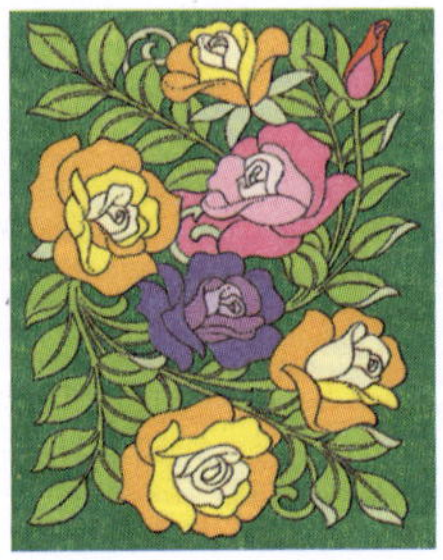
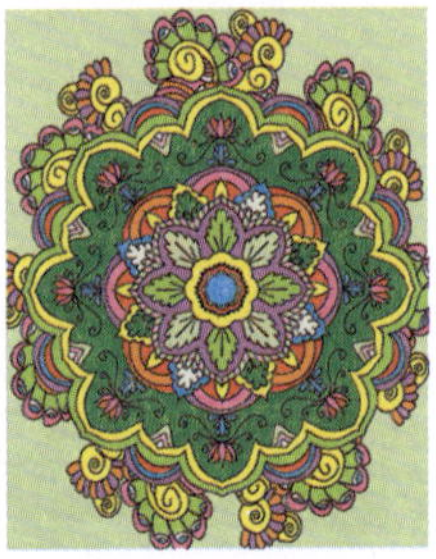
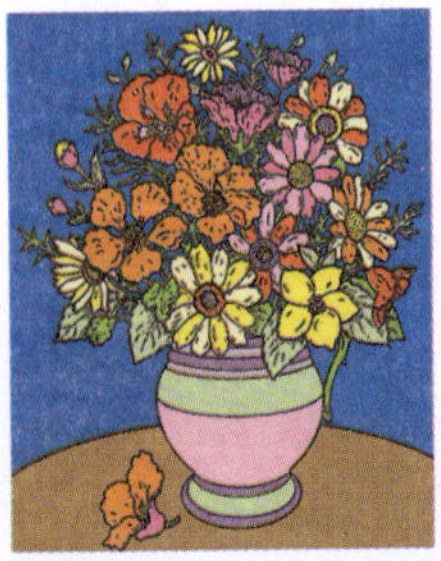
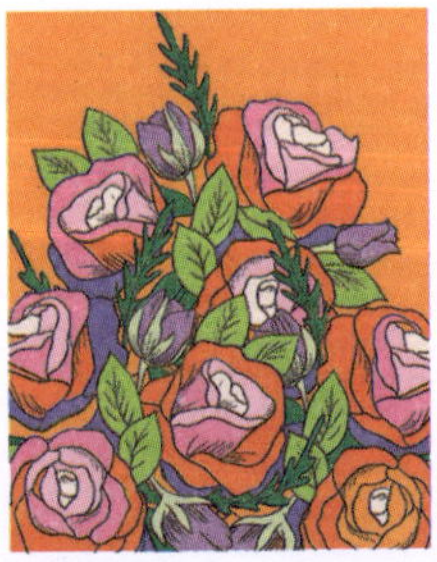
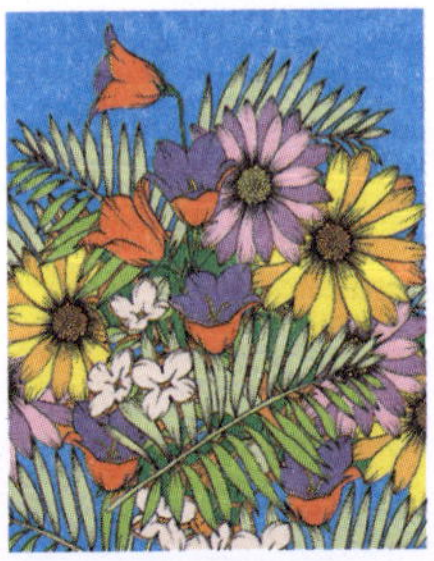
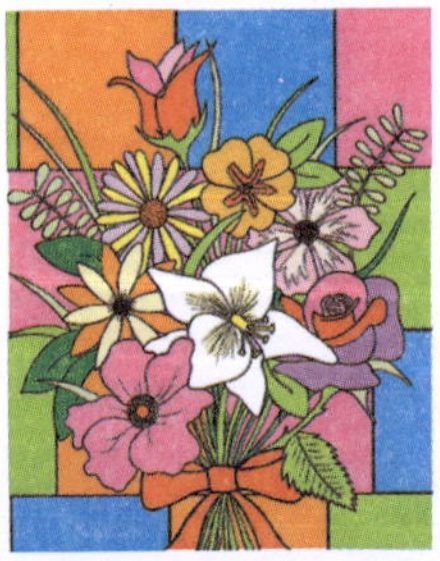
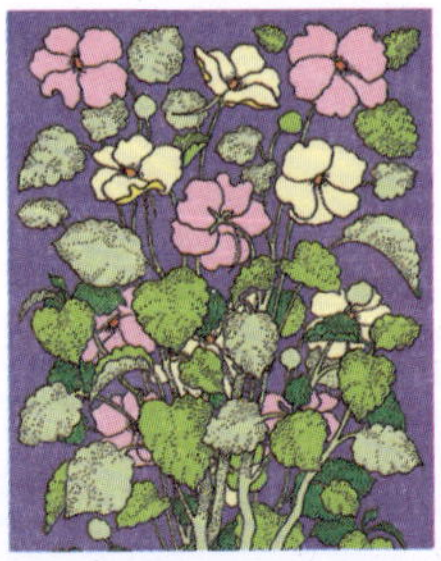
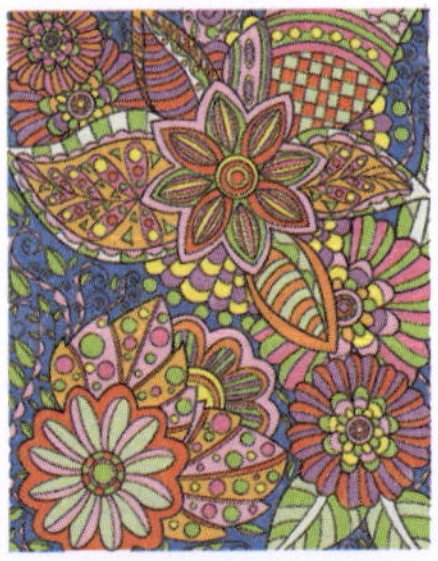

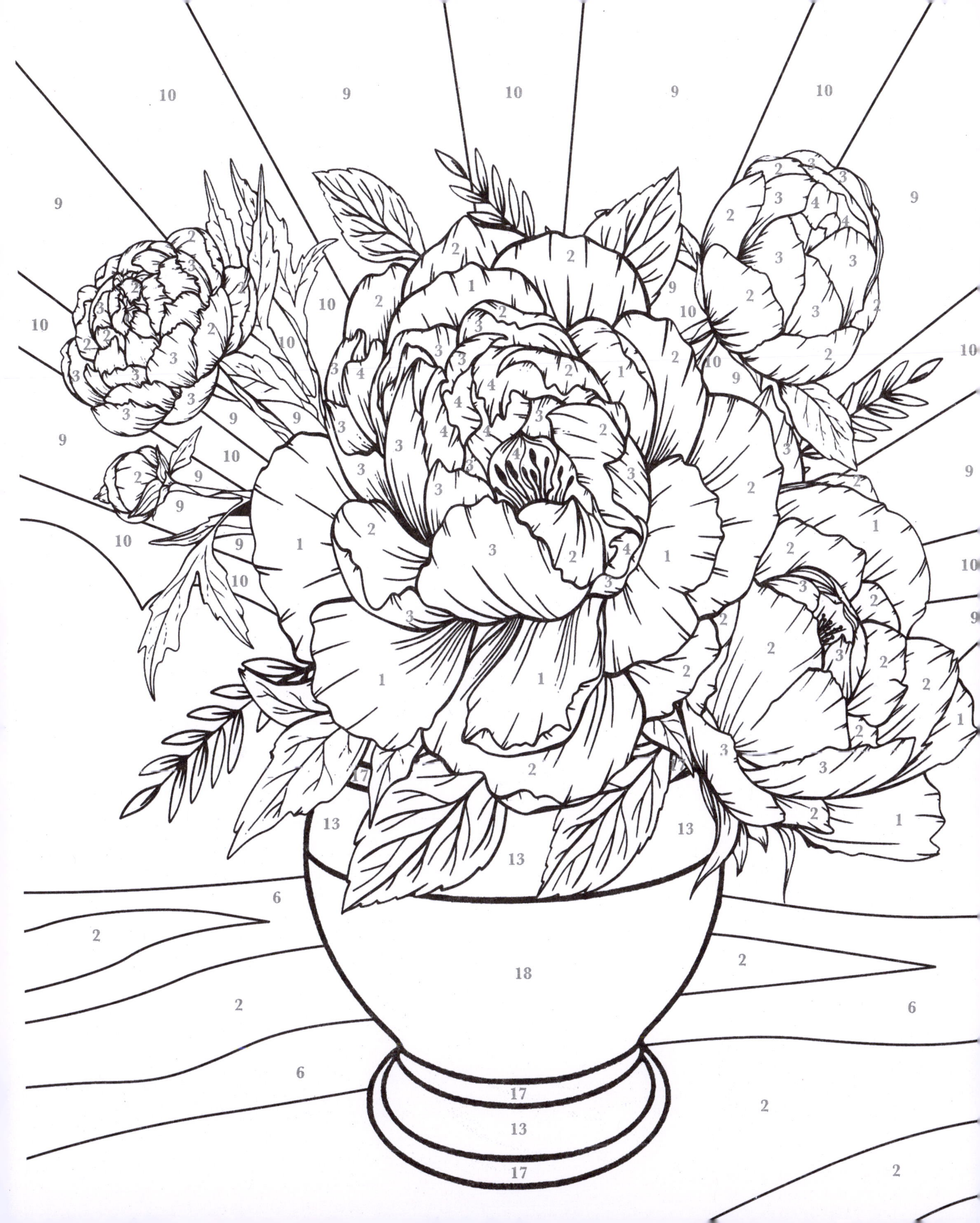

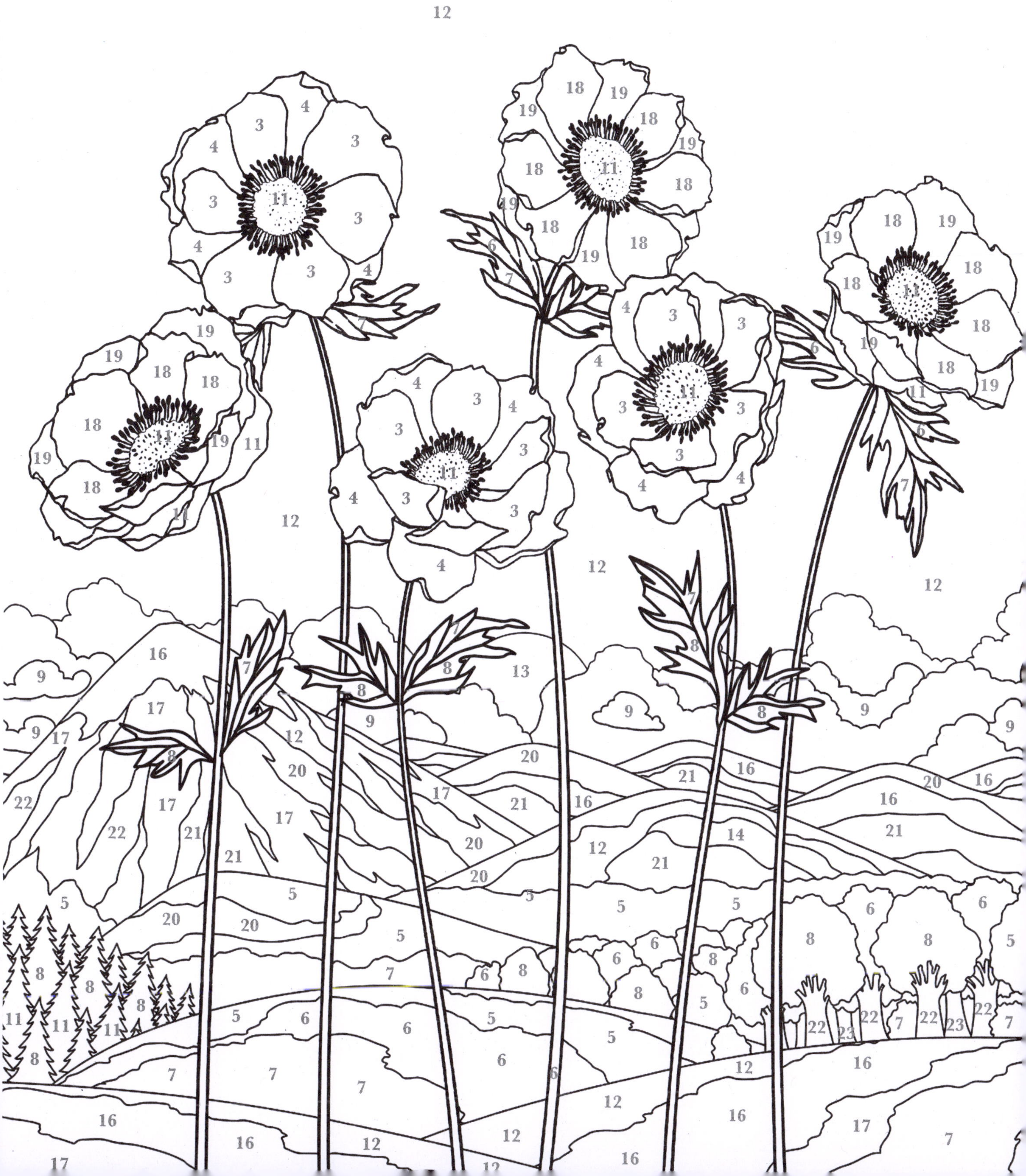
12
4
3
18
19
19
18
3
4
19
11
11
18
18
3
3
19
18
4
3
19
18
19
3
4
18
19
18
18
18
18
3
4
18
19
19
19
18
18
7
6
4
3
3
18
4
3
19
18
18
18
4
3
18
18
11
19
11
18
18
19
11
3
3
11
19
11
3
11
11
6
18
4
3
4
4
3
3
11
12
4
4
12
12
7
7
7
8
8
16
8
13
9
8
9
17
9
9
9
12
9
9
17
20
20
21
16
22
17
17
21
16
16
20
22
21
17
21
17
20
14
21
21
12
21
20
5
5
5
5
5
6
6
20
20
5
8
8
8
8
5
8
8
6
6
8
6
7
8
6
5
11
11
11
8
5
6
6
5
5
22
22
22
22
7
23
23
7
8
6
5
12
16
6
7
7
7
6
12
16
16
12
16
17
7
16
12
12
17
16
12

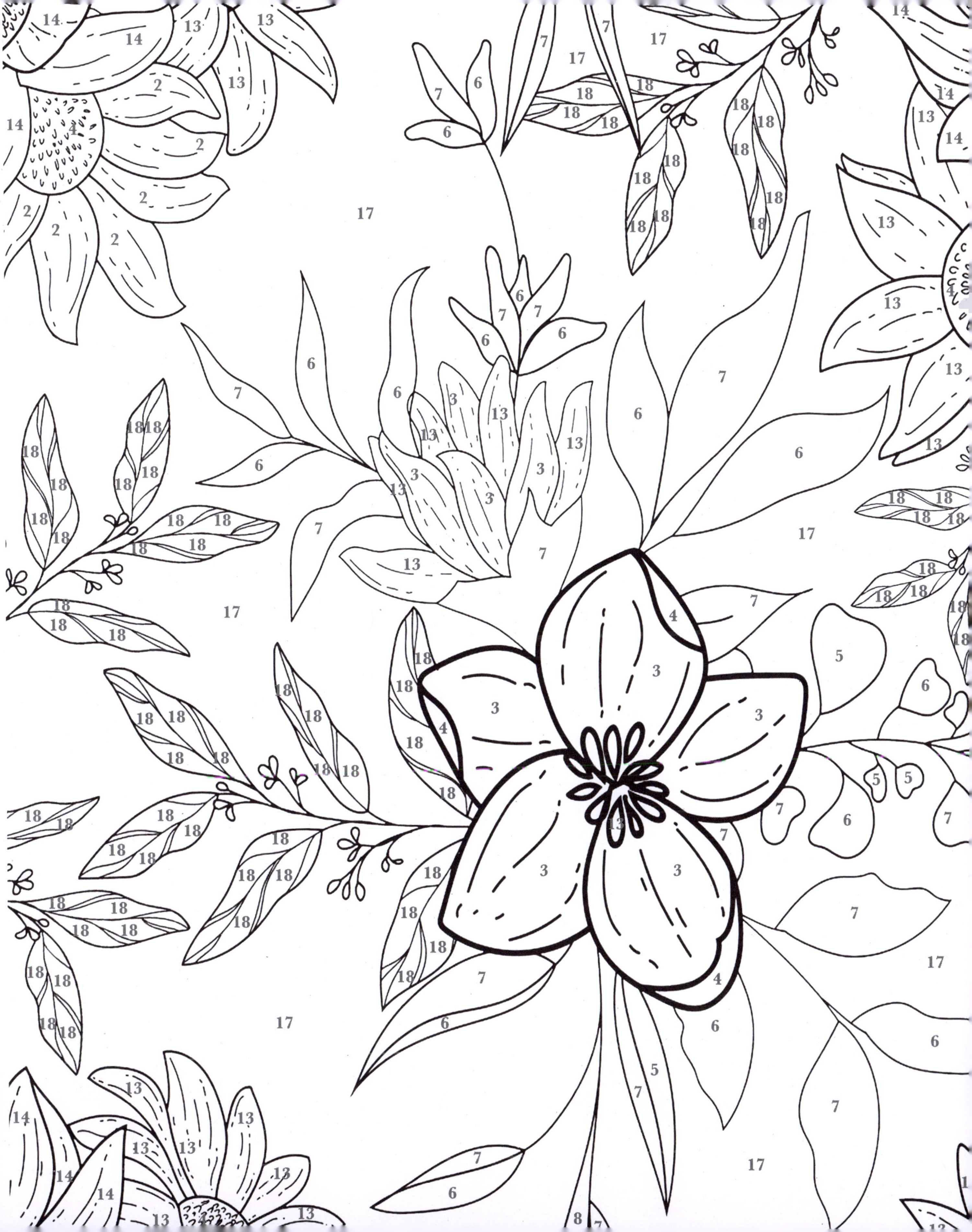

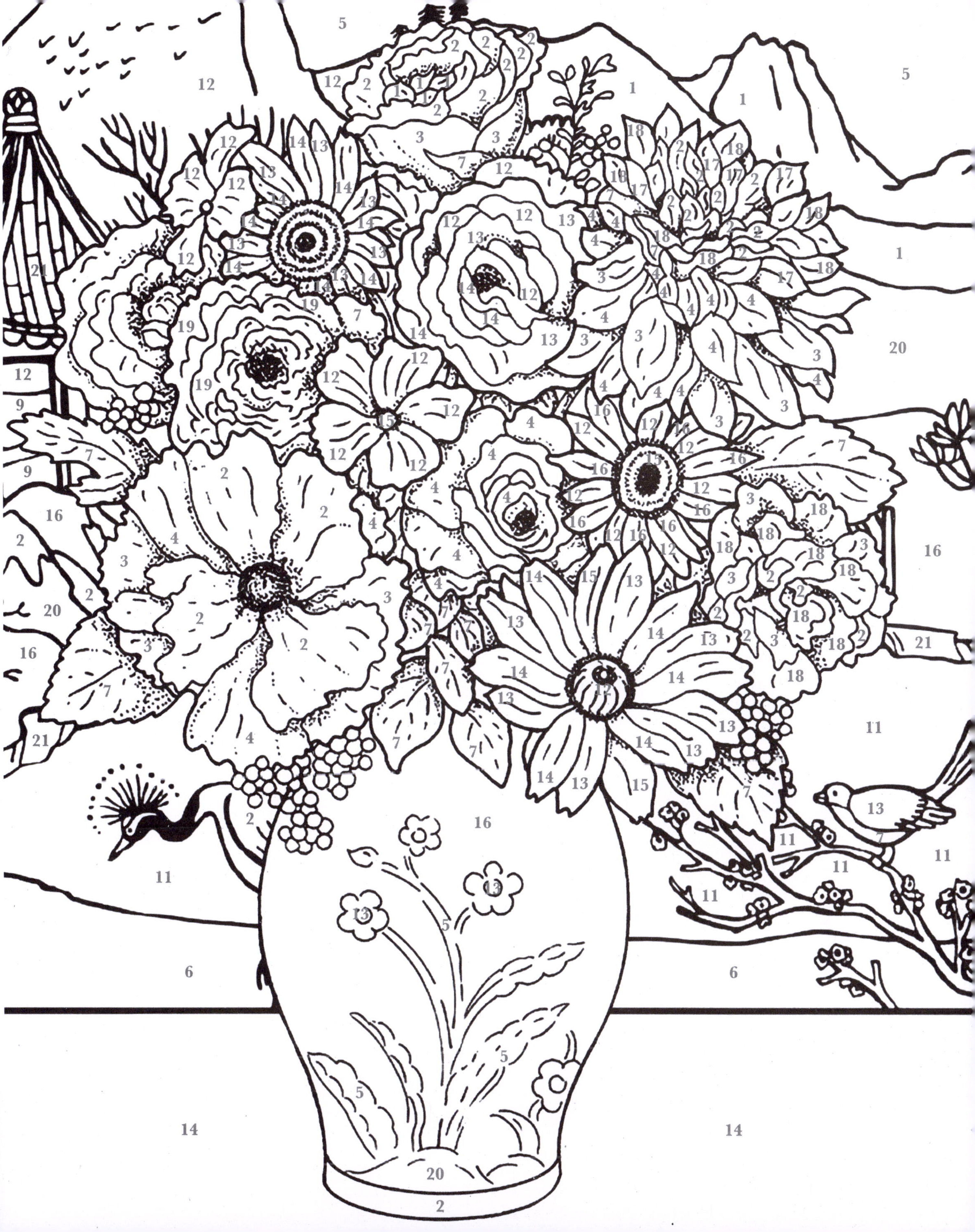

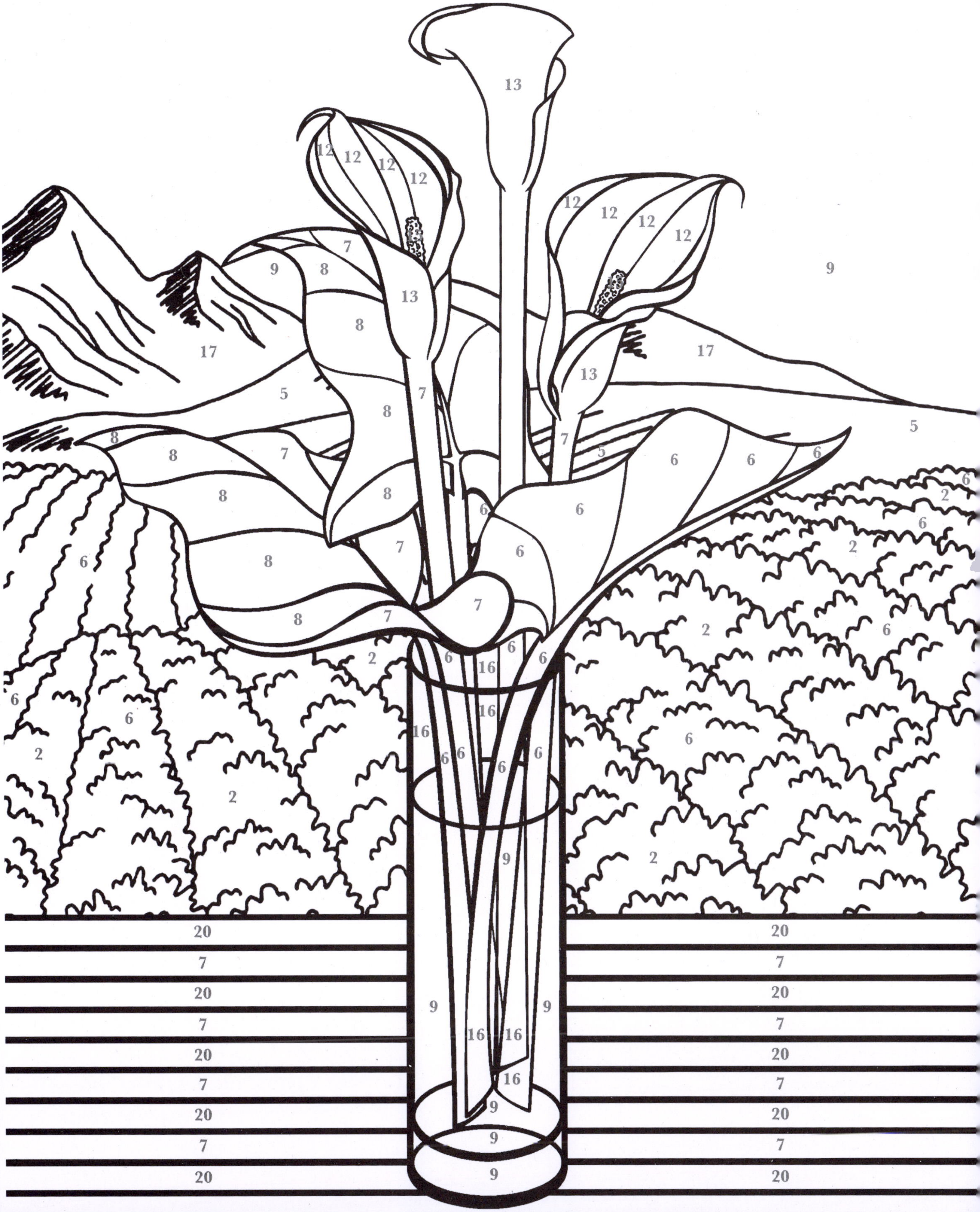

13
12
12
12
12
12
12
12
12
9
7
9
8
13
8
17
17
13
5
7
8
5
8
7
8
7
5
6
6
6
6
8
6
8
6
2
6
6
7
6
8
2
7
7
8
2
6
6
6
6
6
6
16
16
16
6
6
6
6
6
6
2
2
2
9
2
20
20
7
7
20
20
7
7
9
9
16
16
20
20
7
16
7
9
20
20
9
7
7
9
20
20

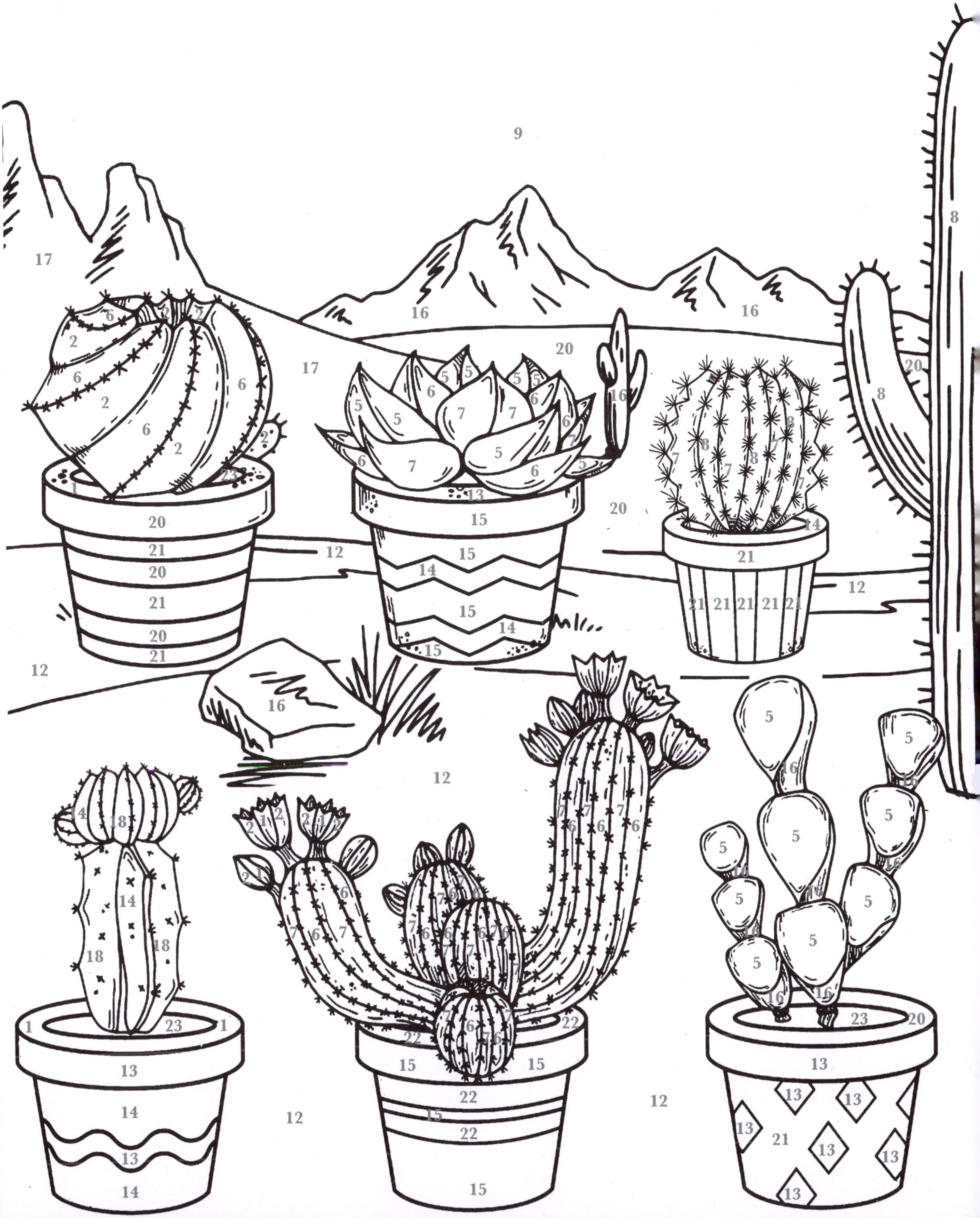

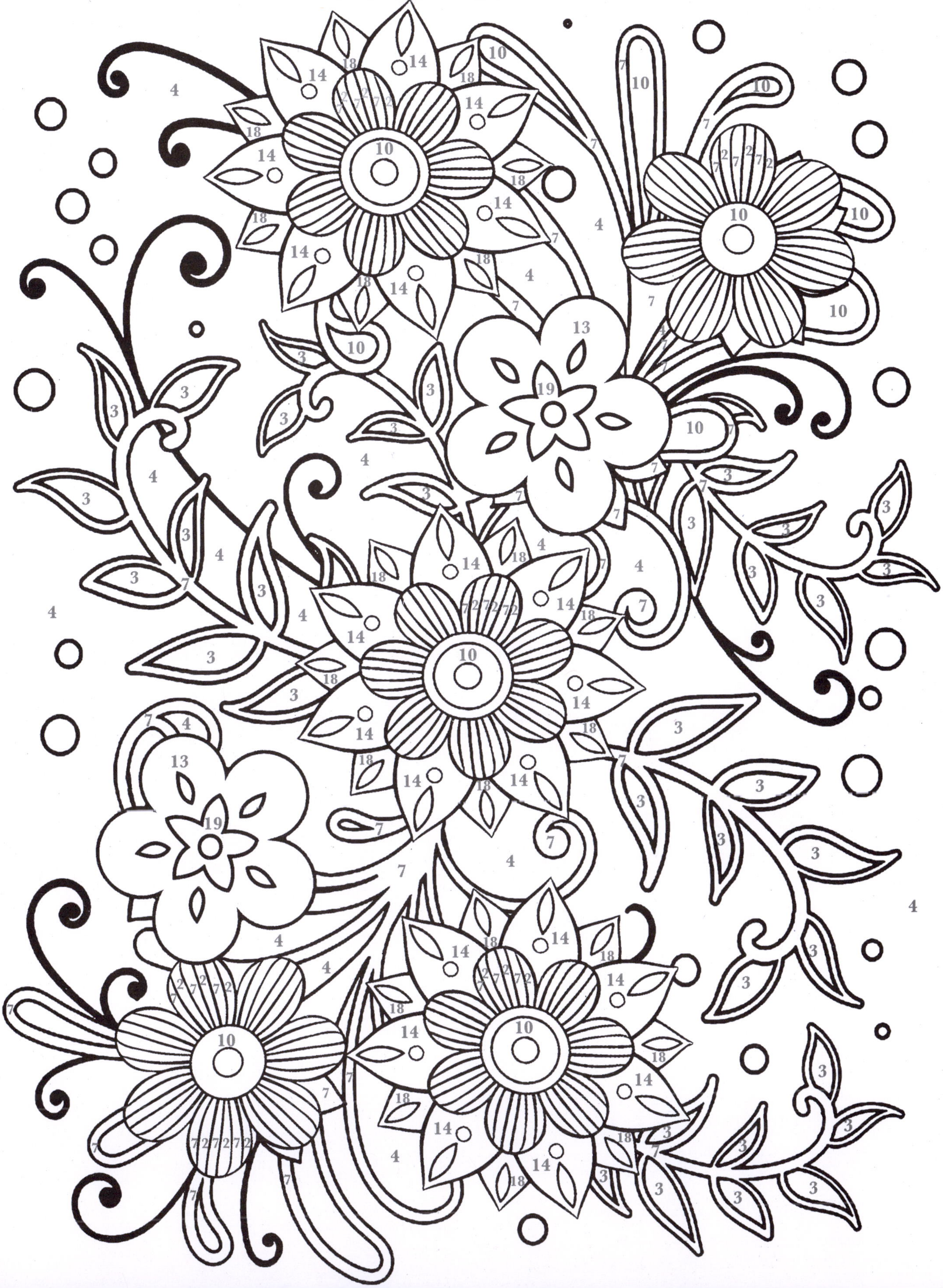

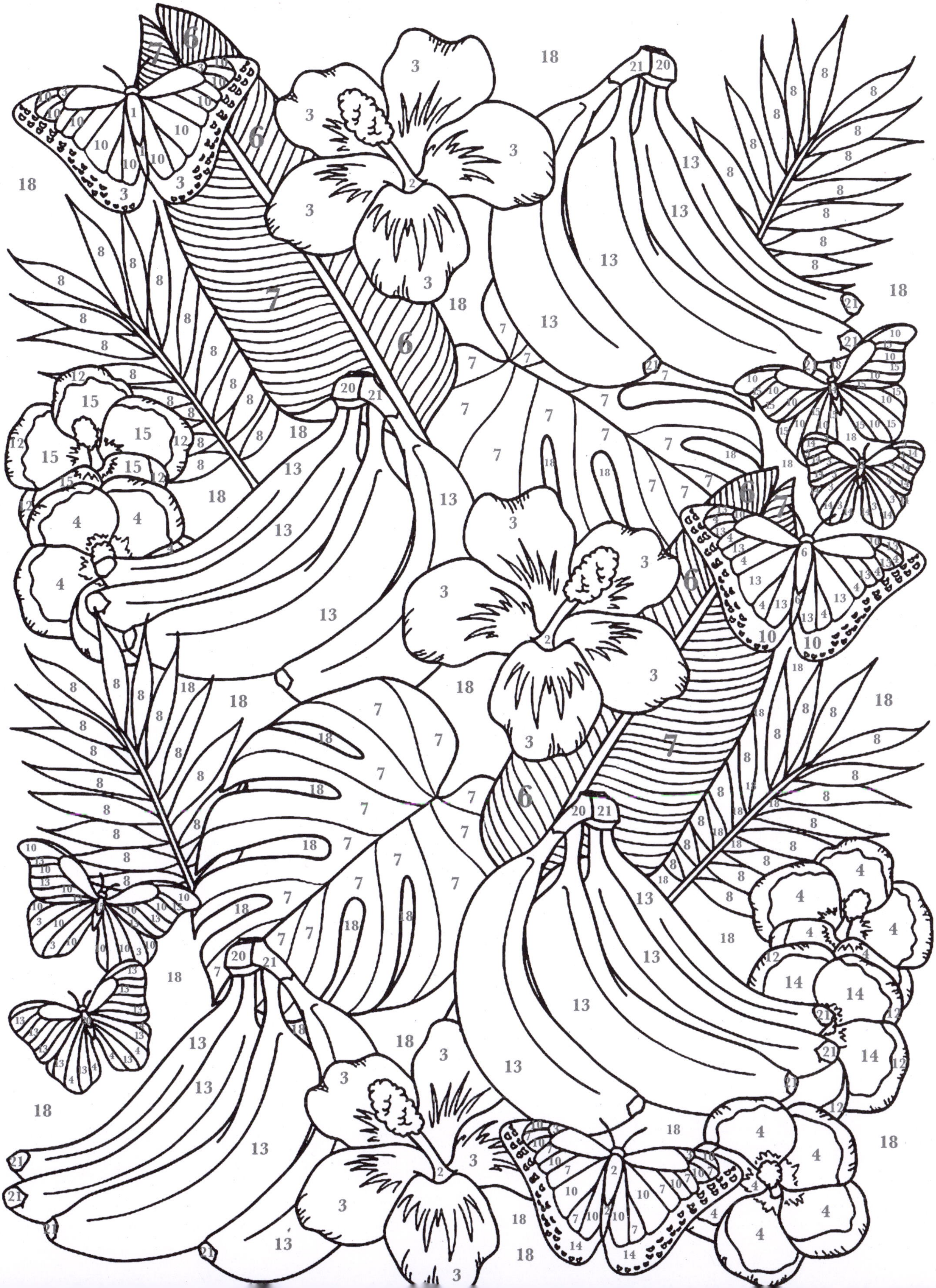

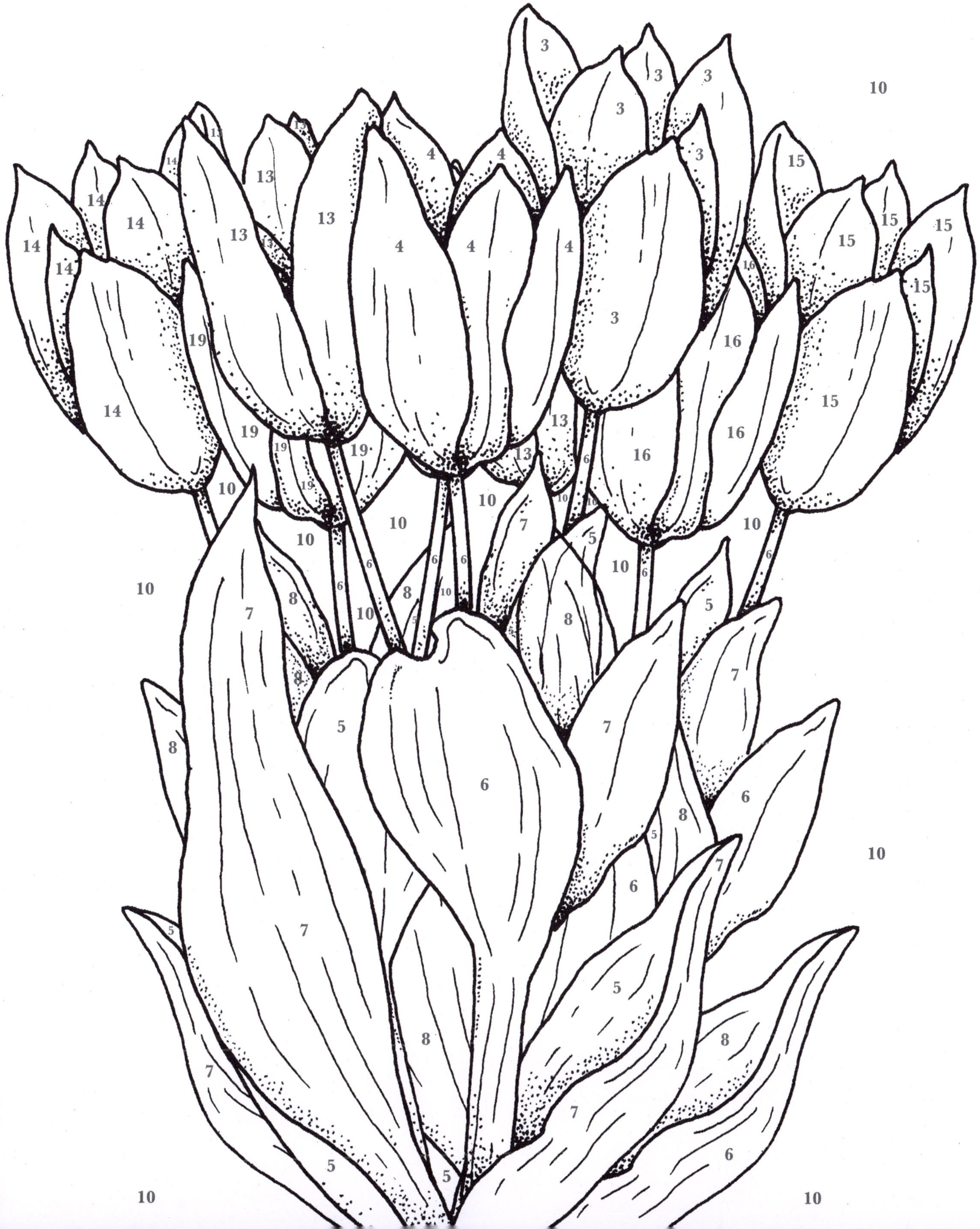

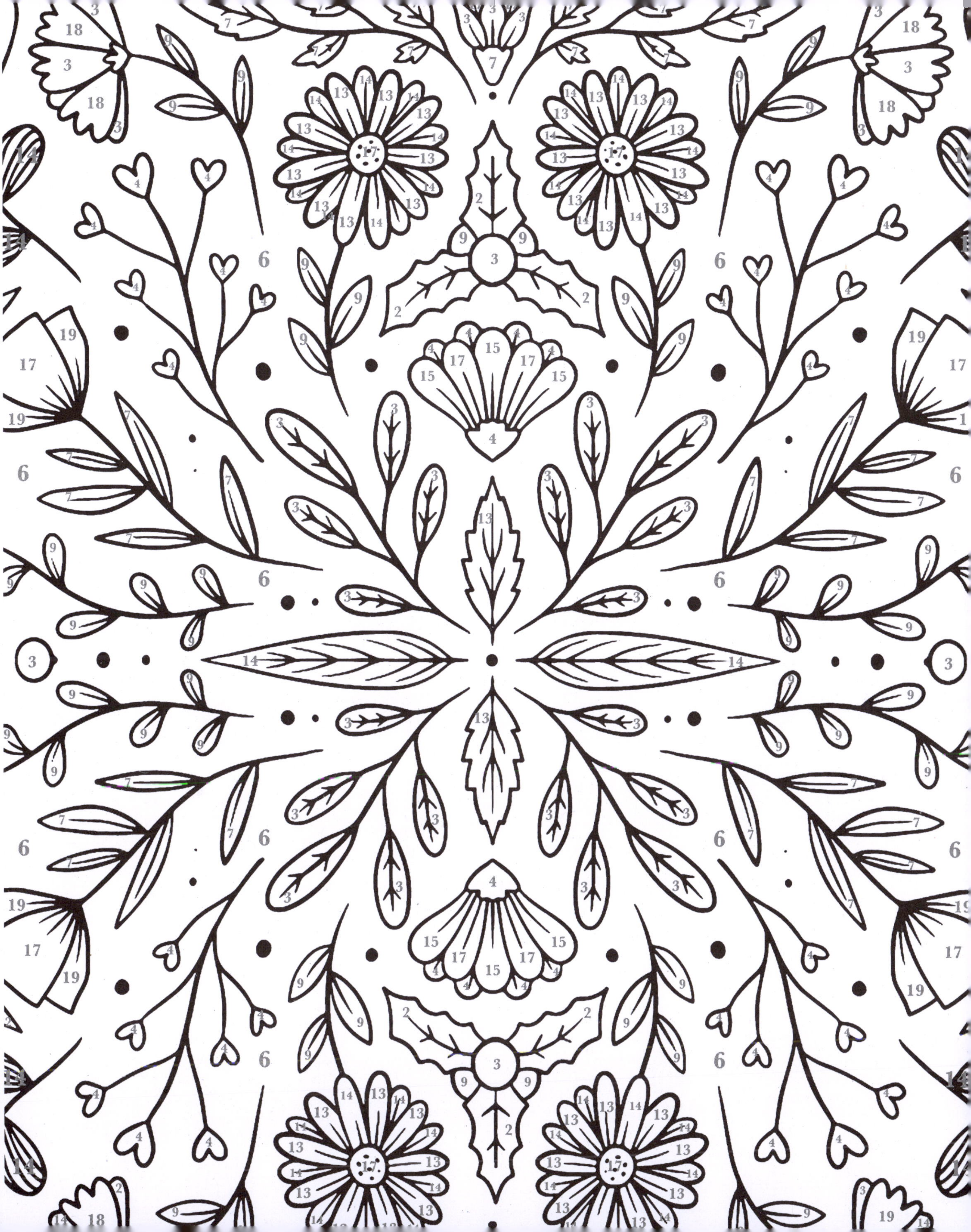

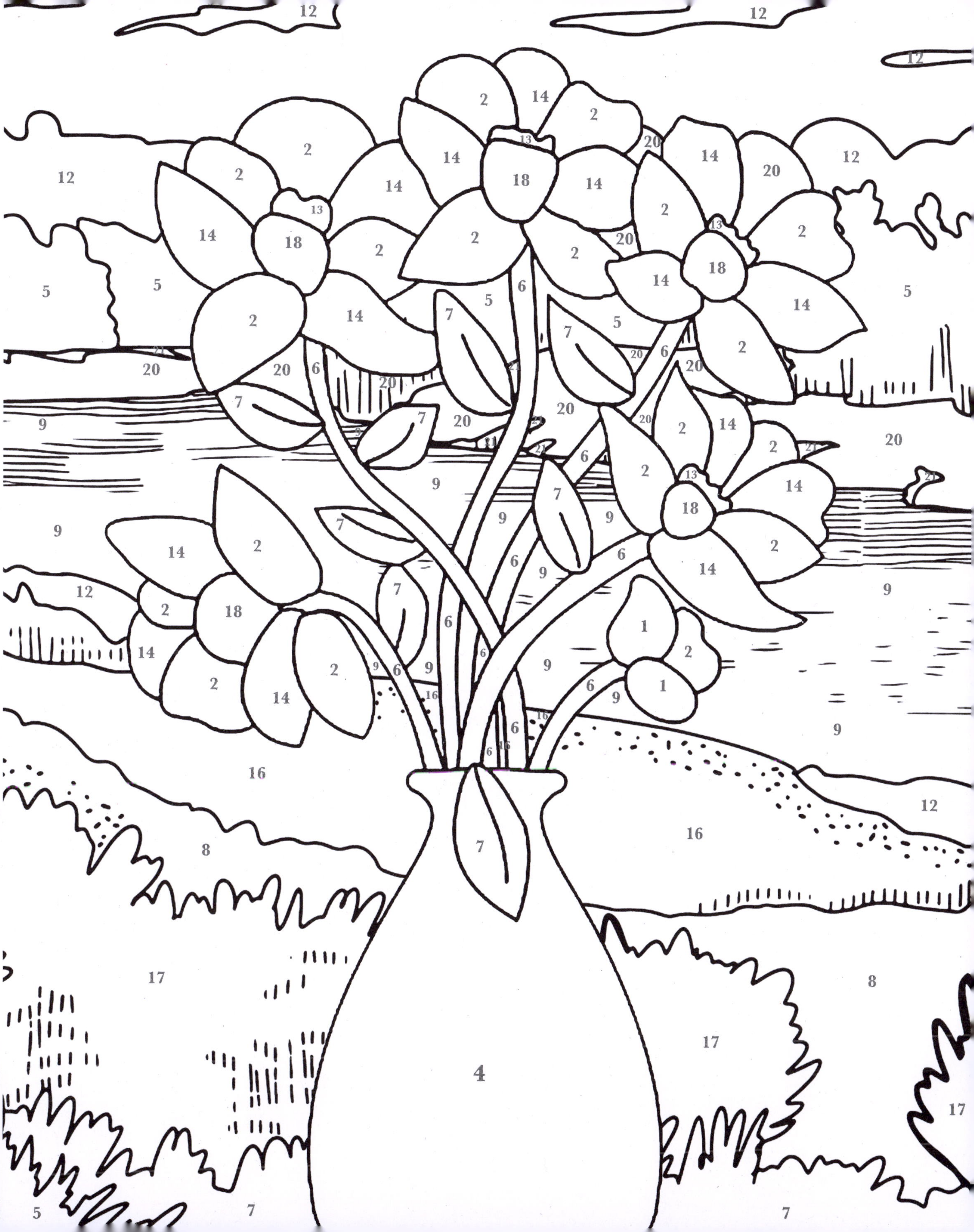

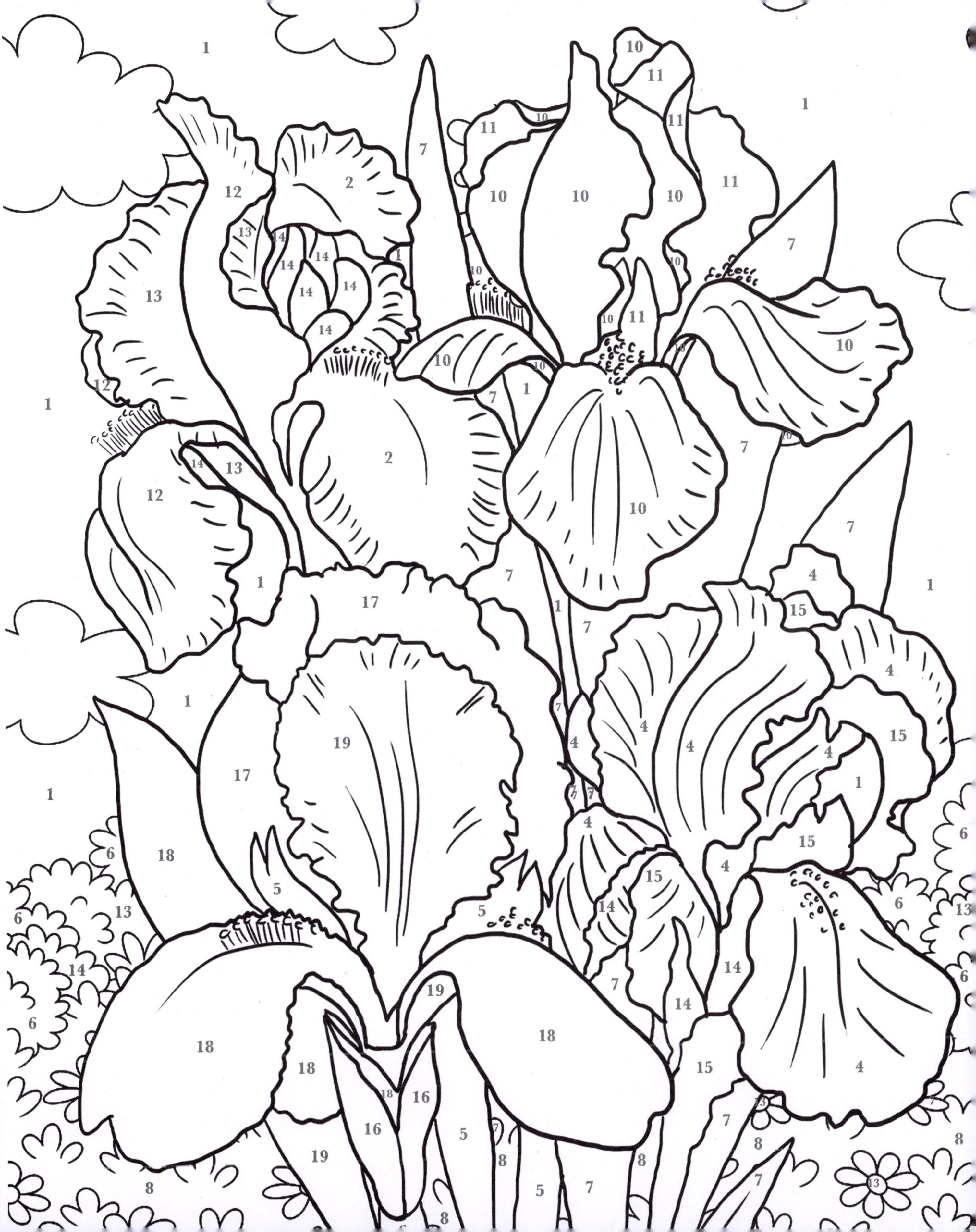

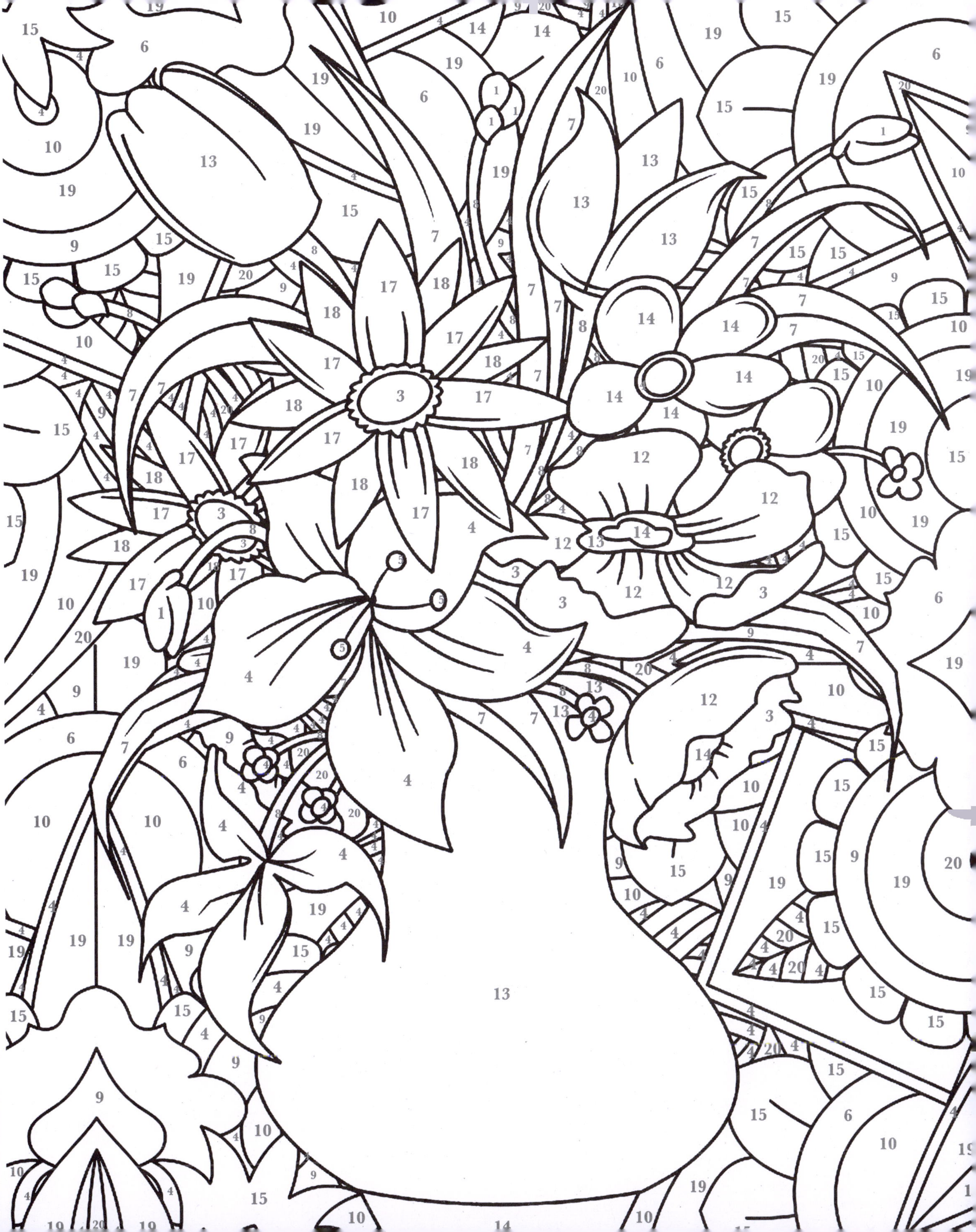

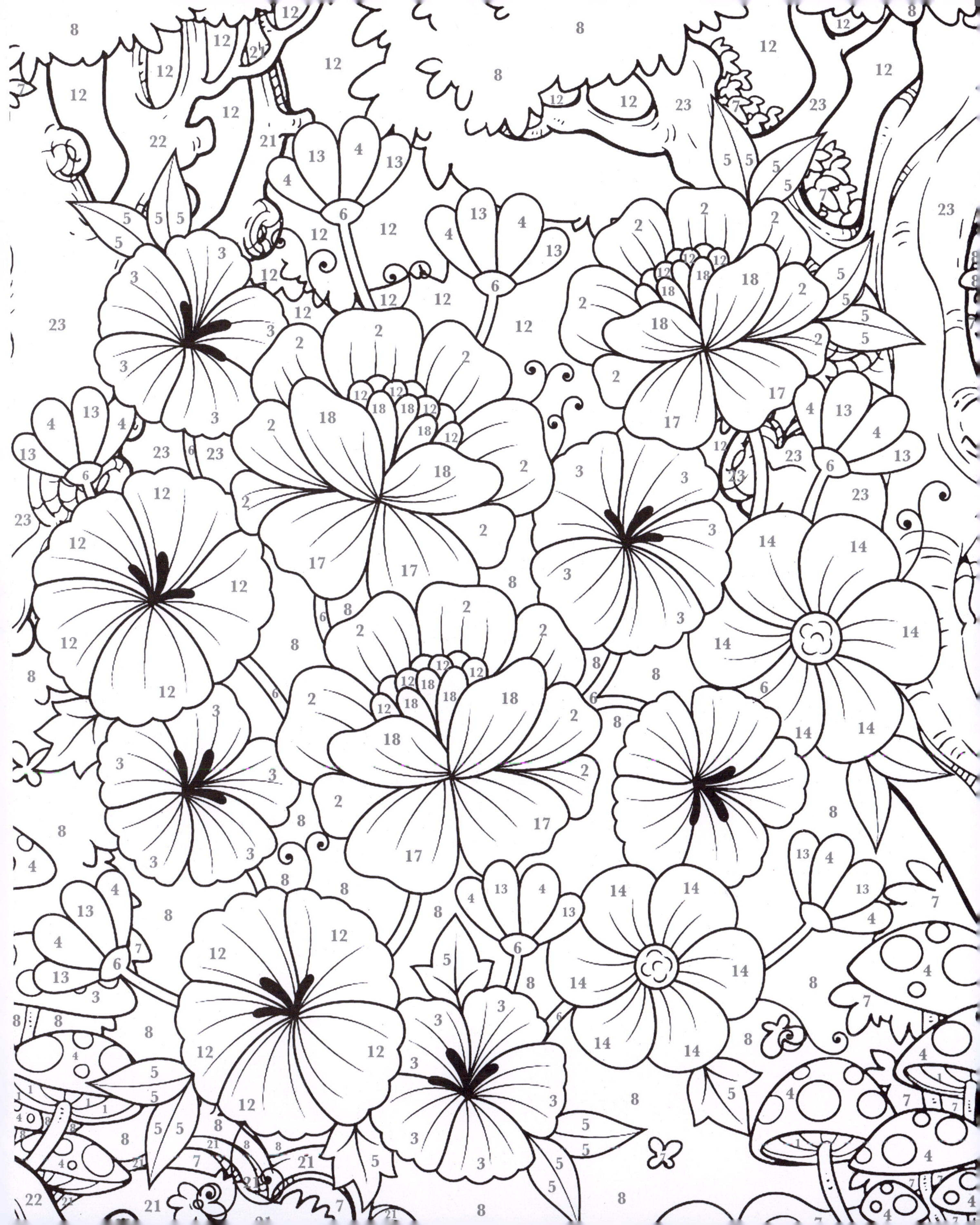

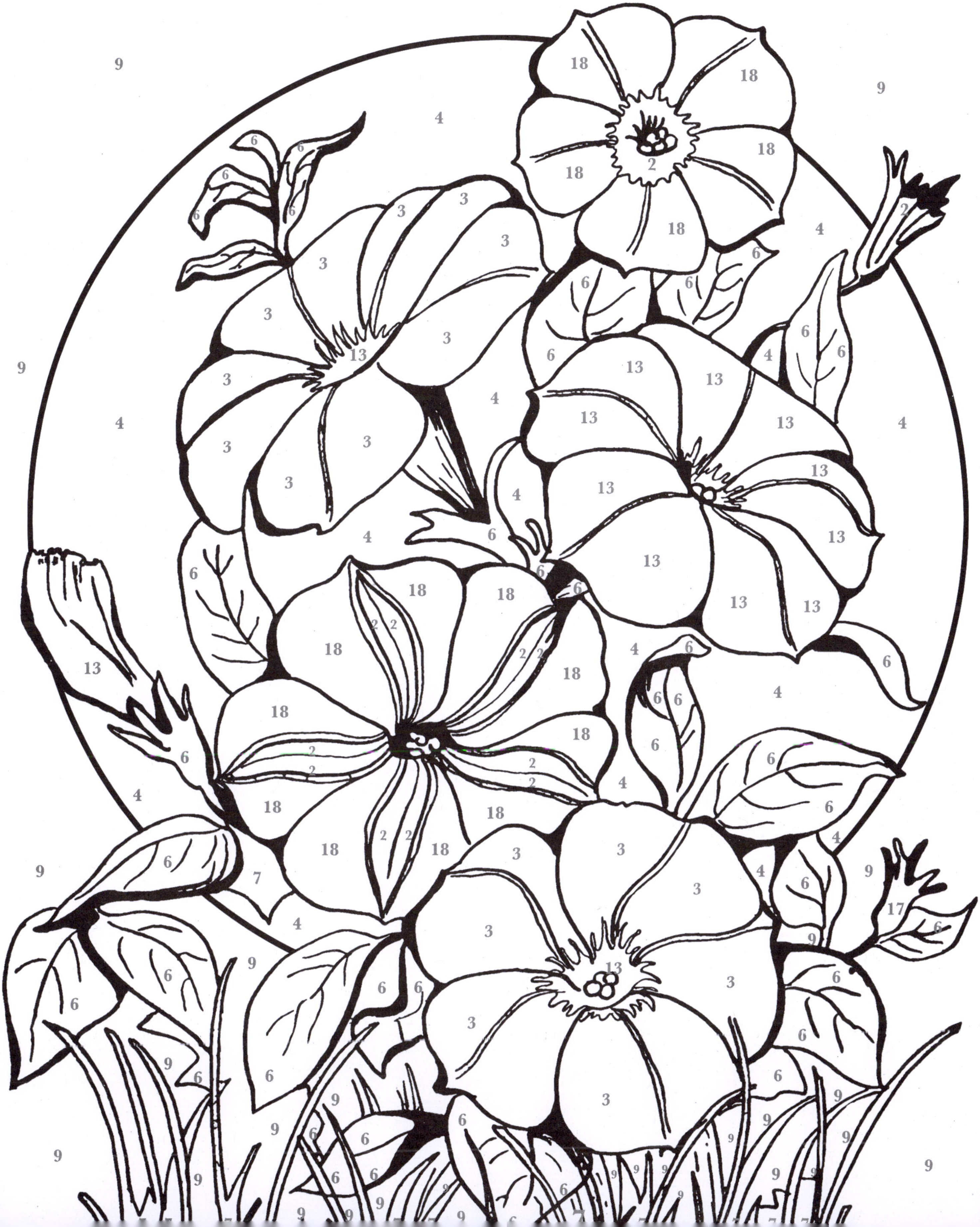

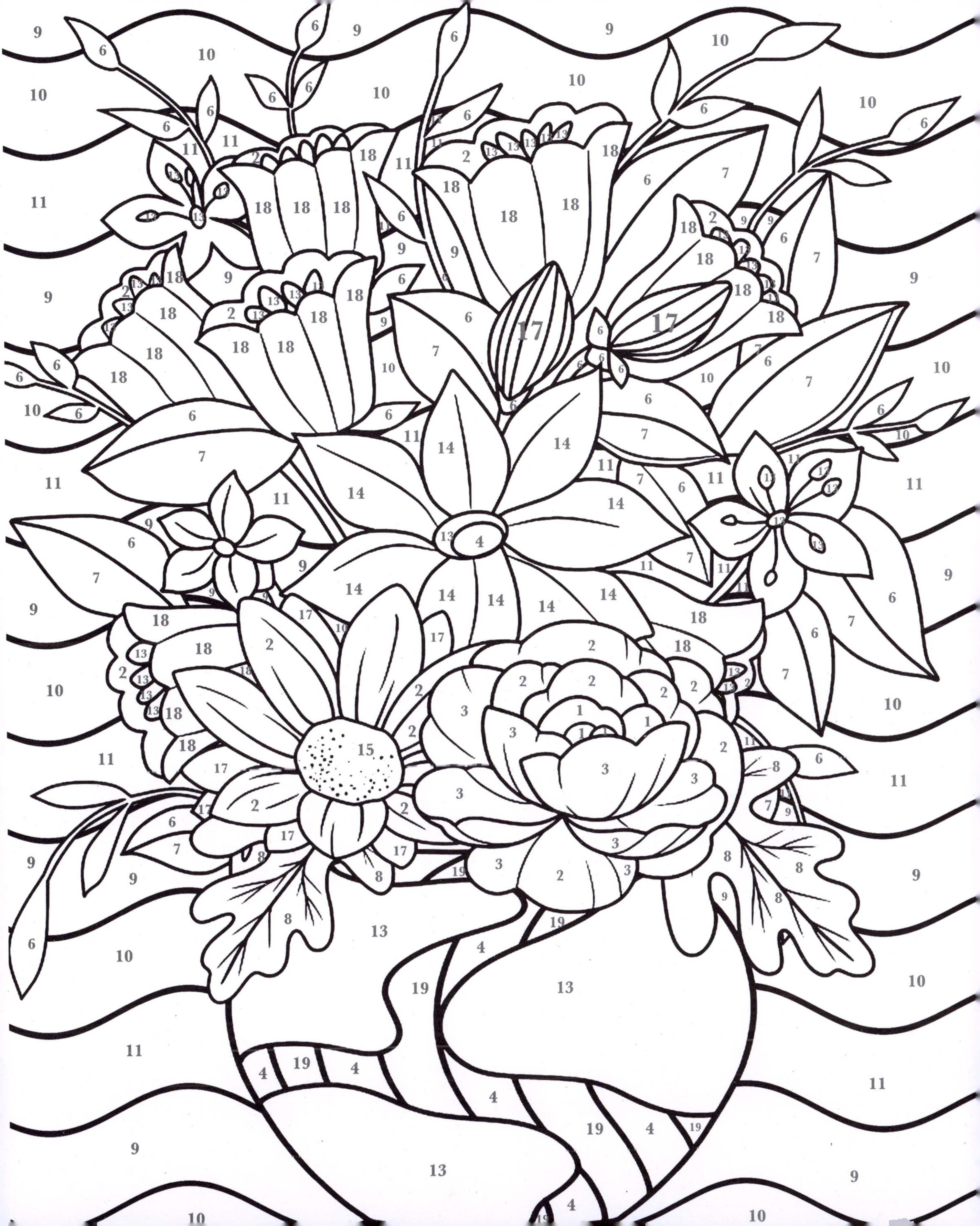

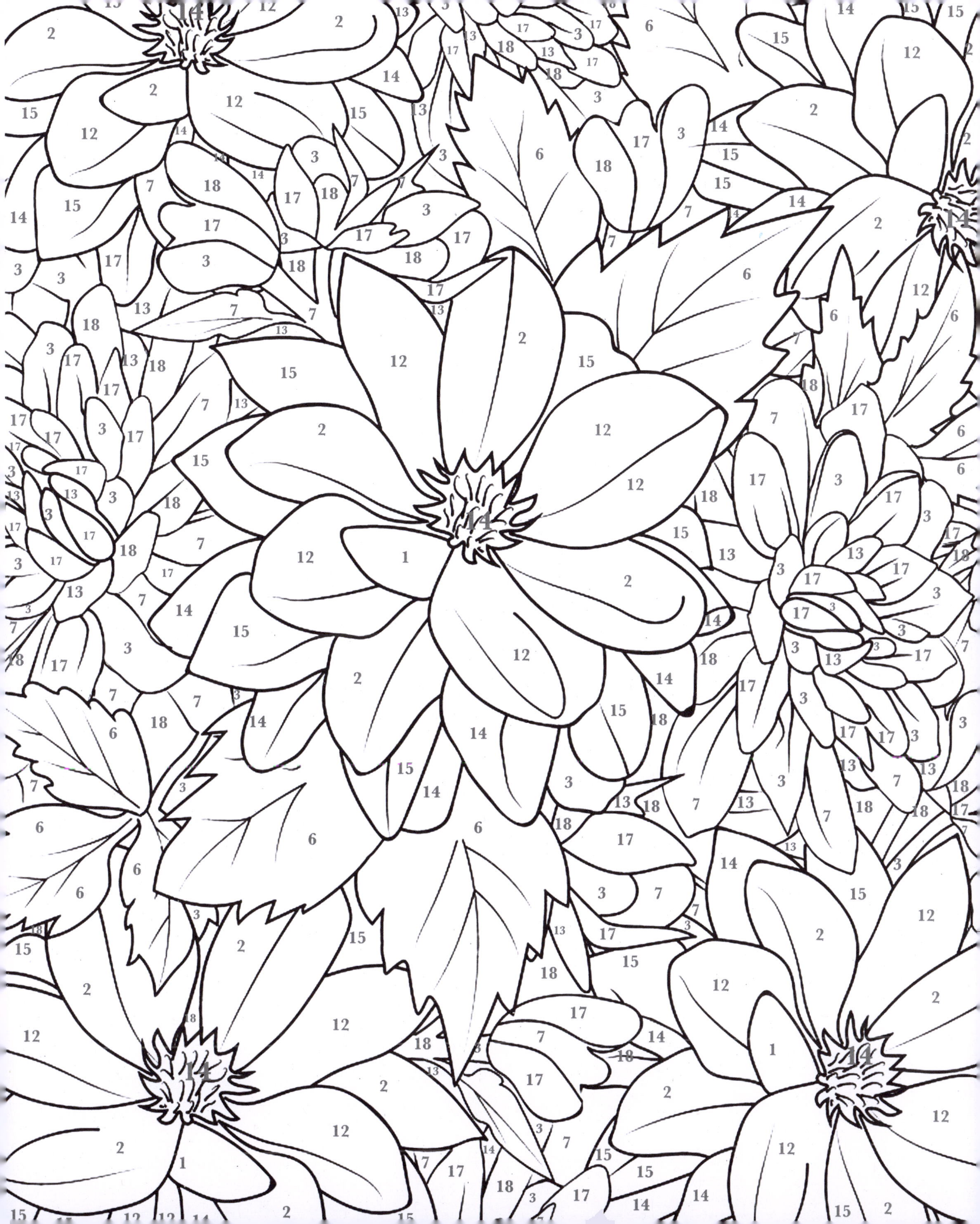

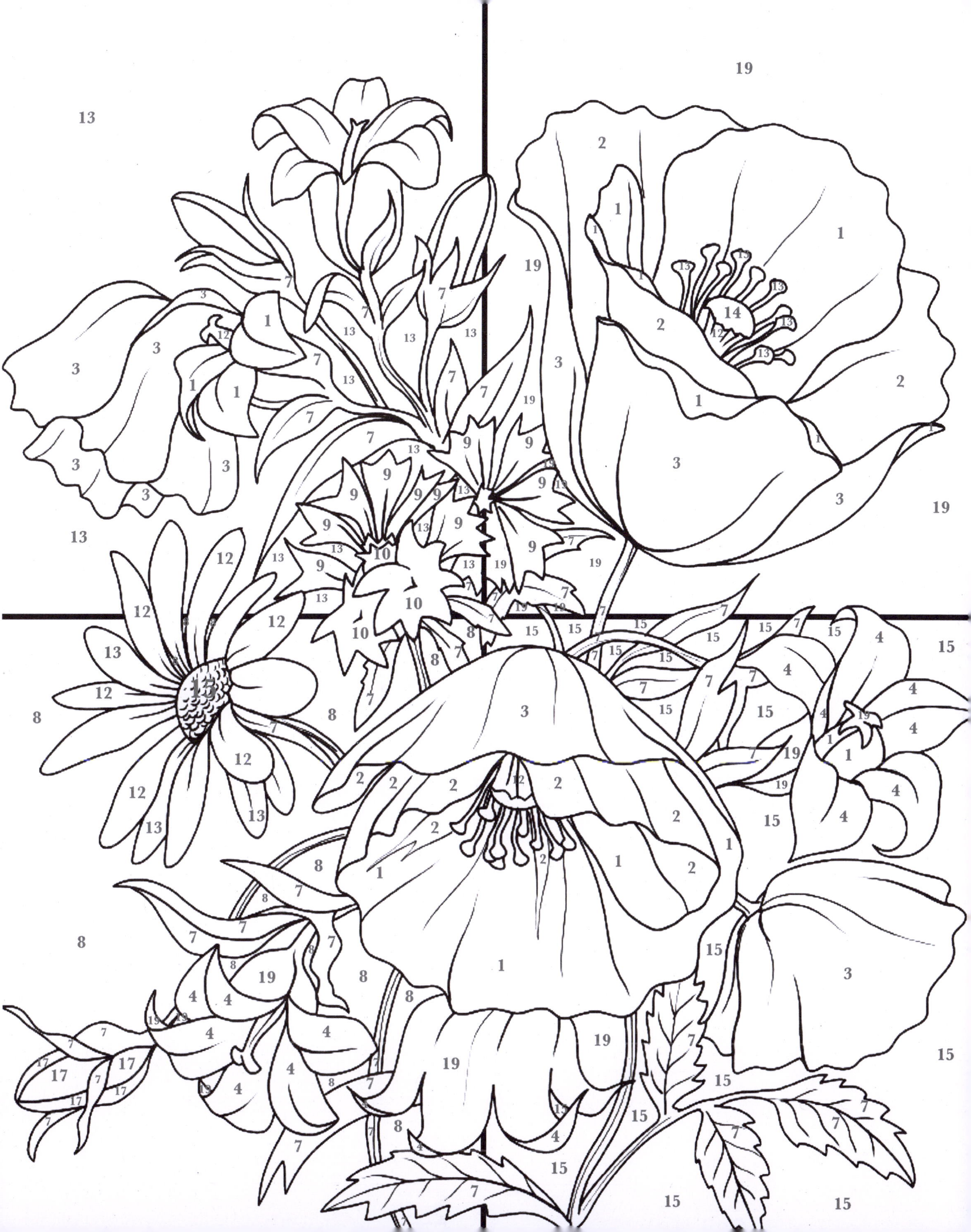

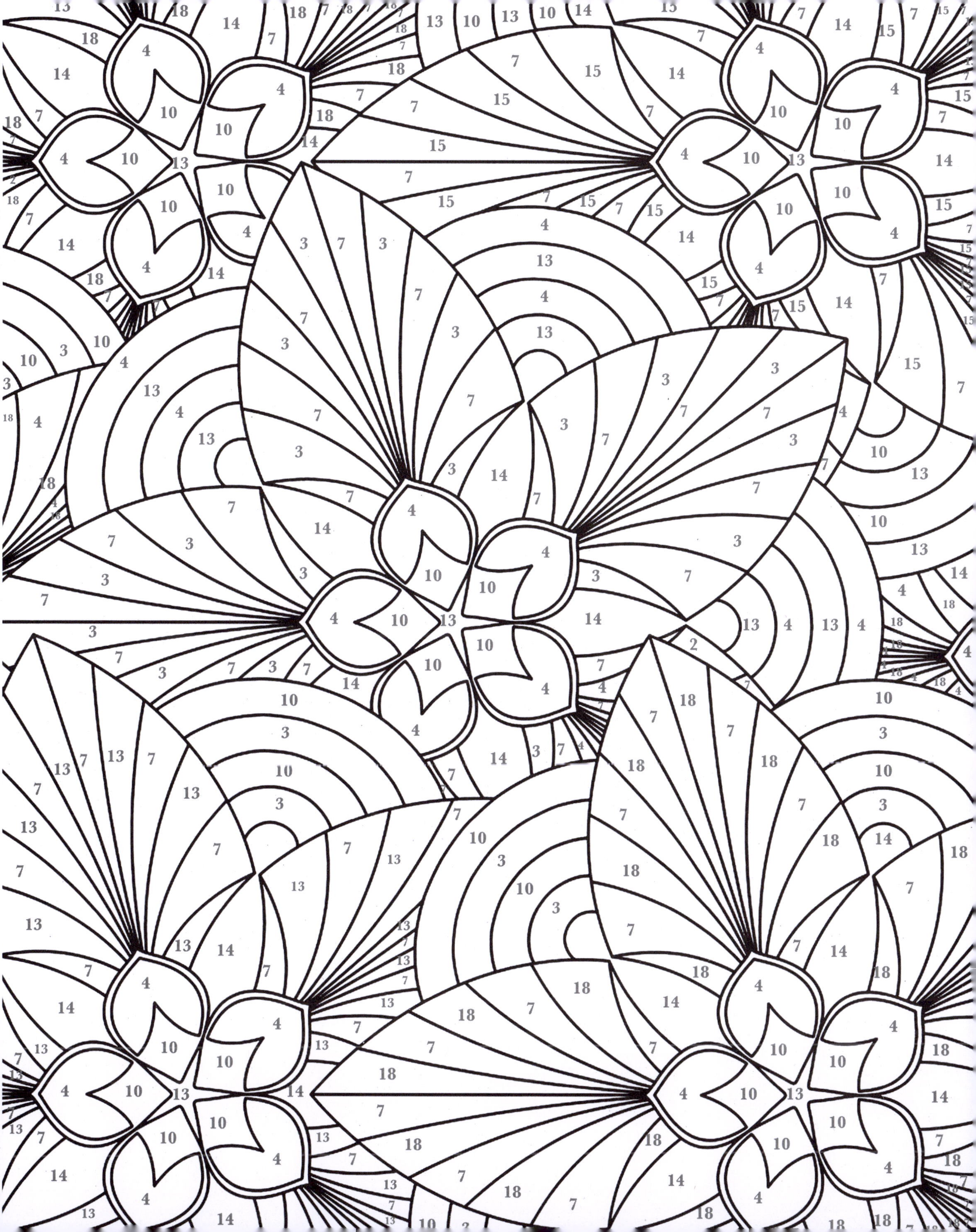

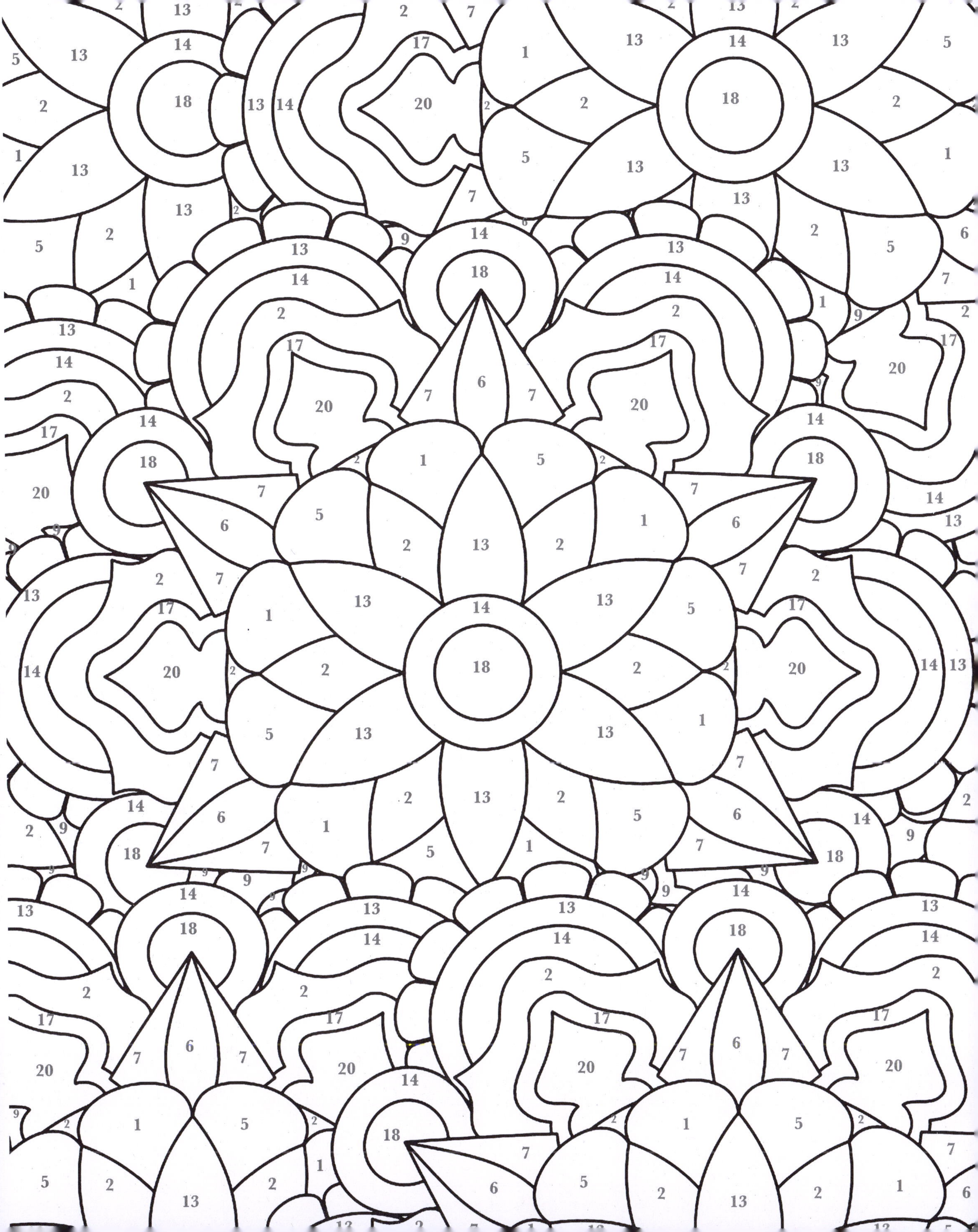

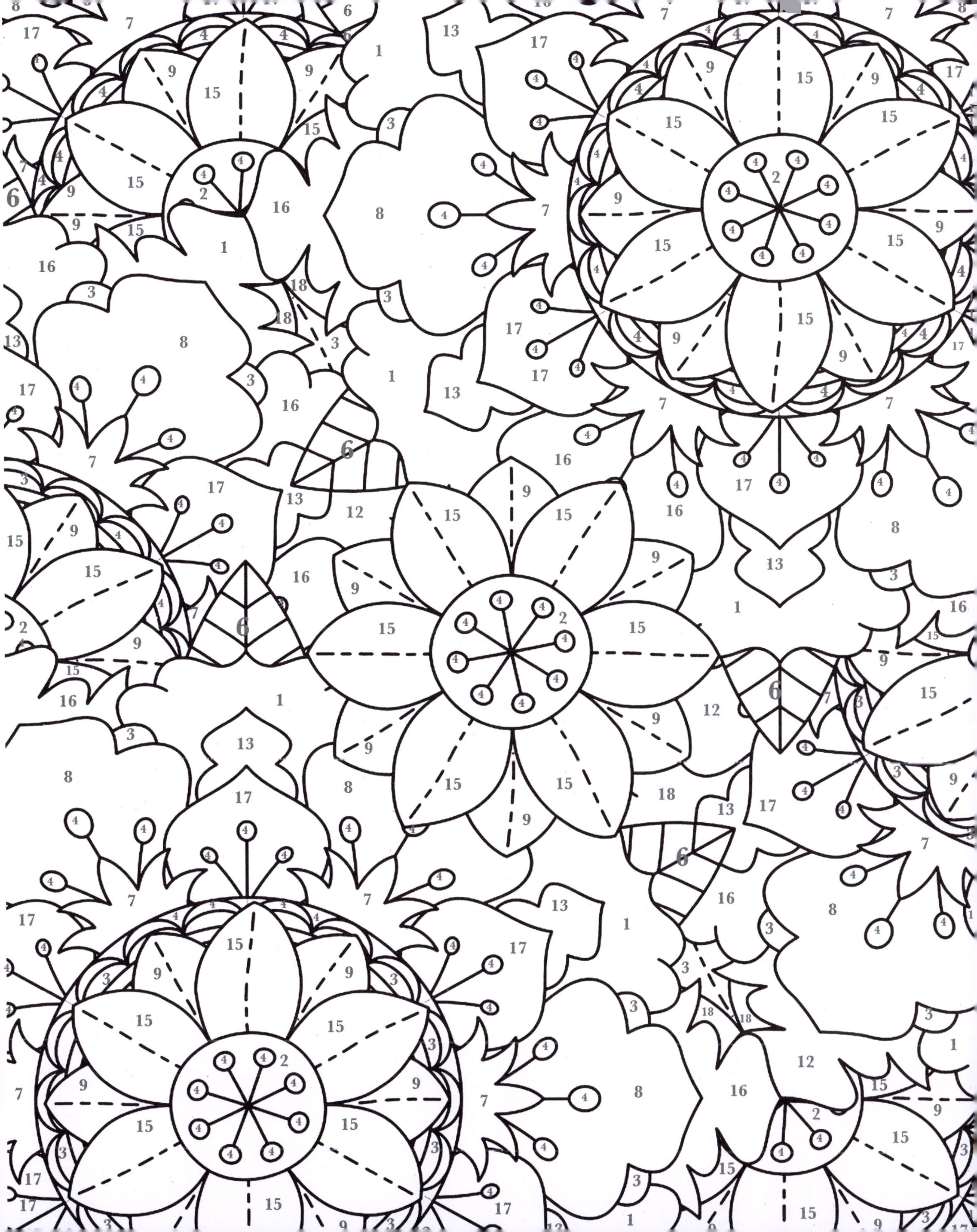

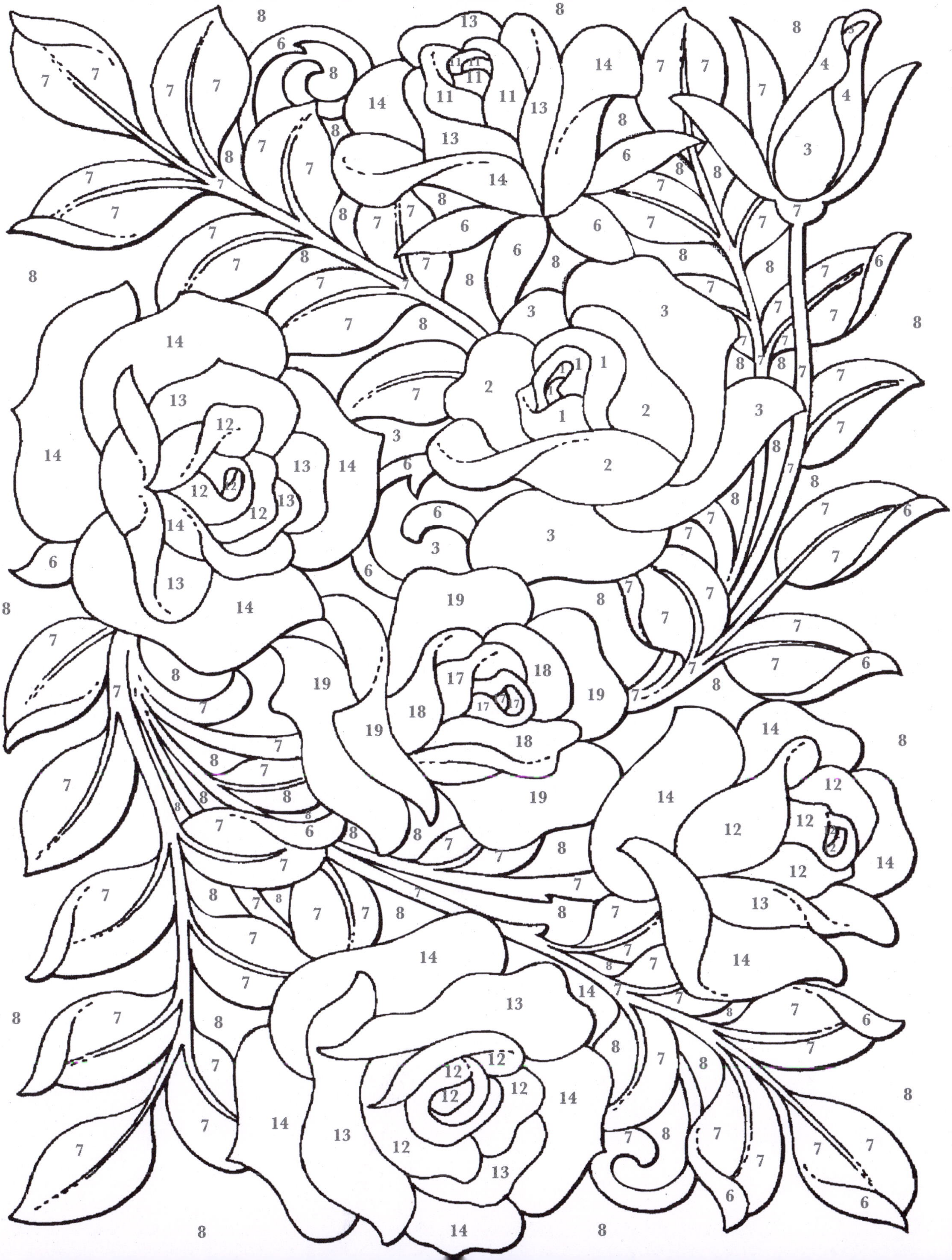

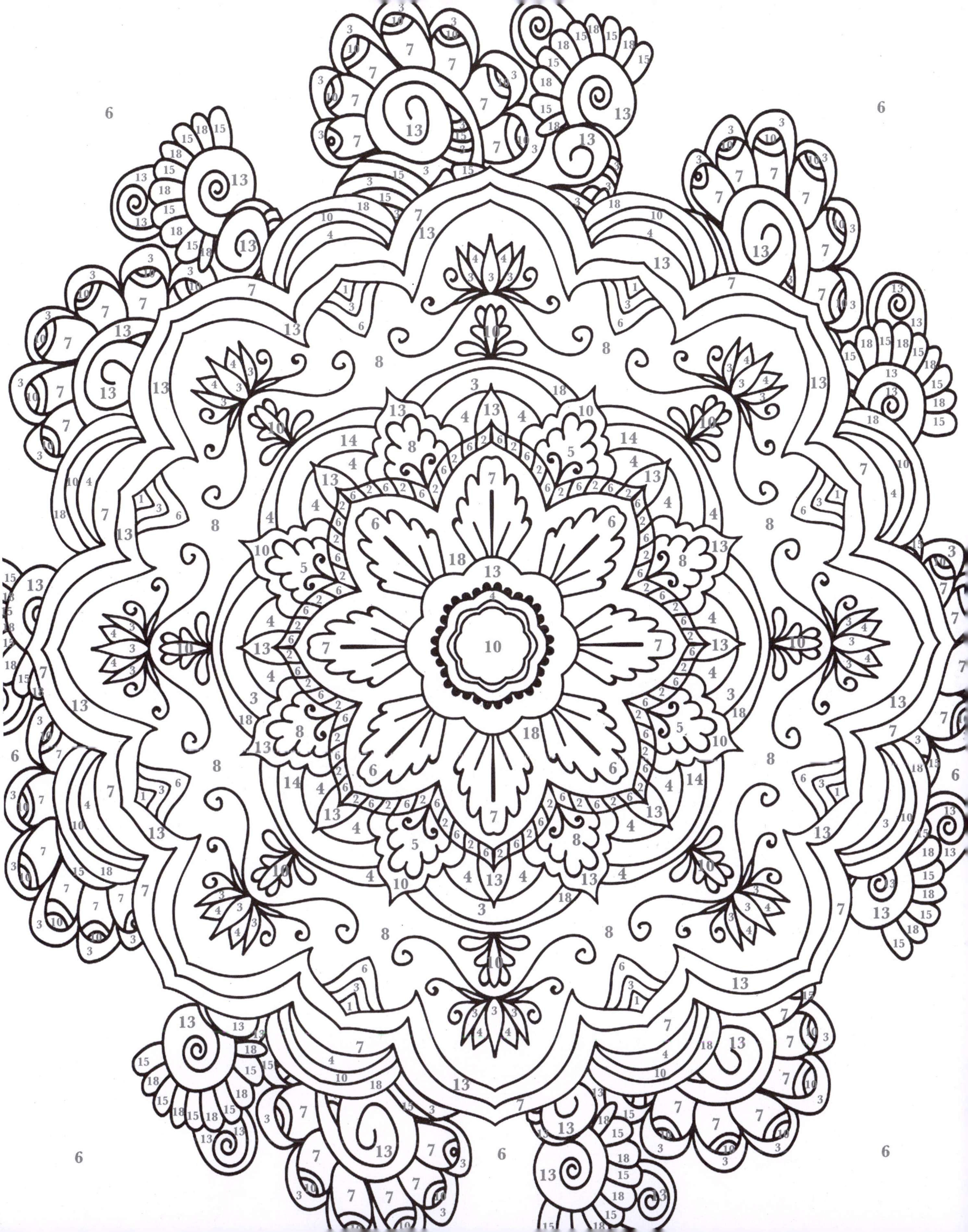

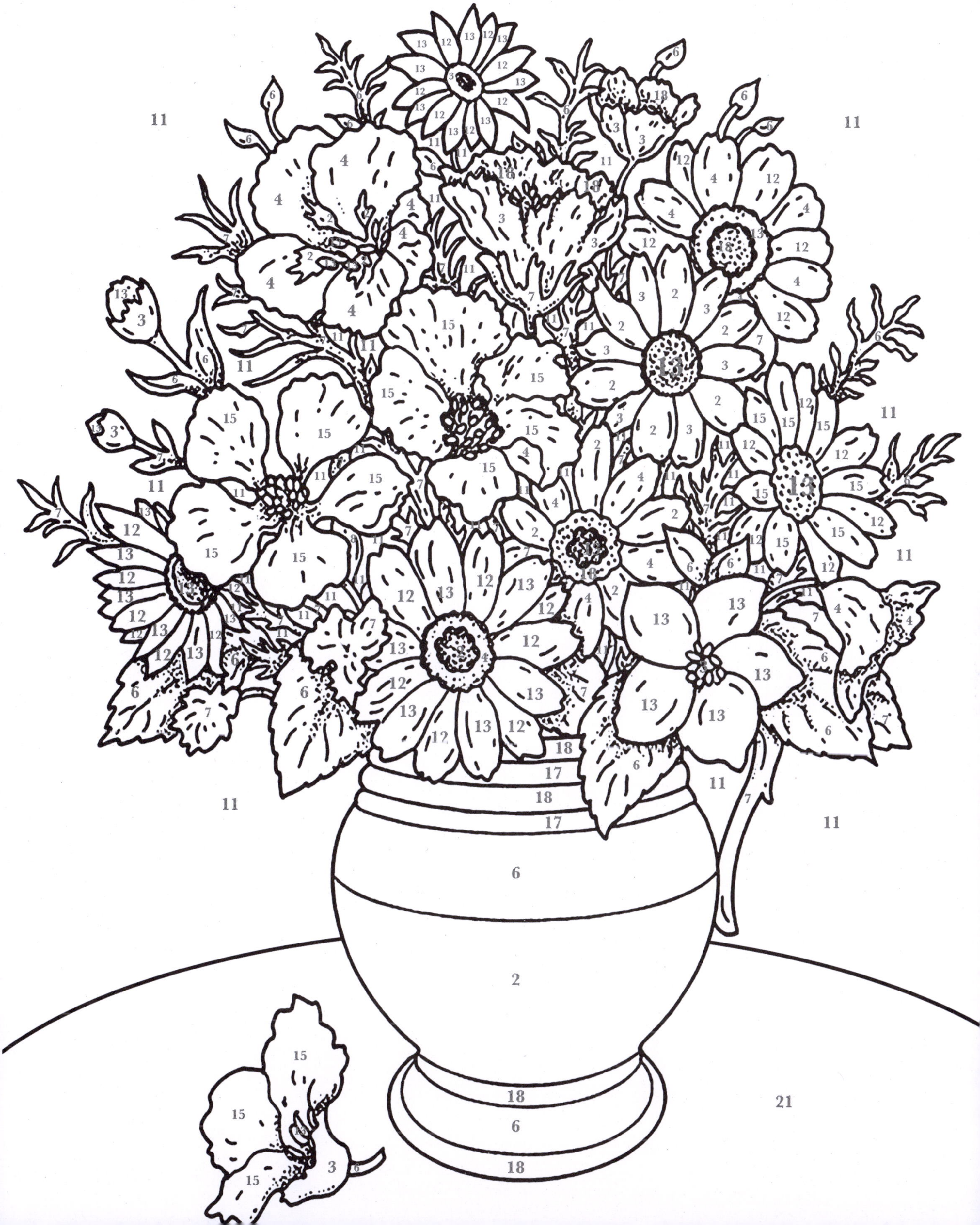

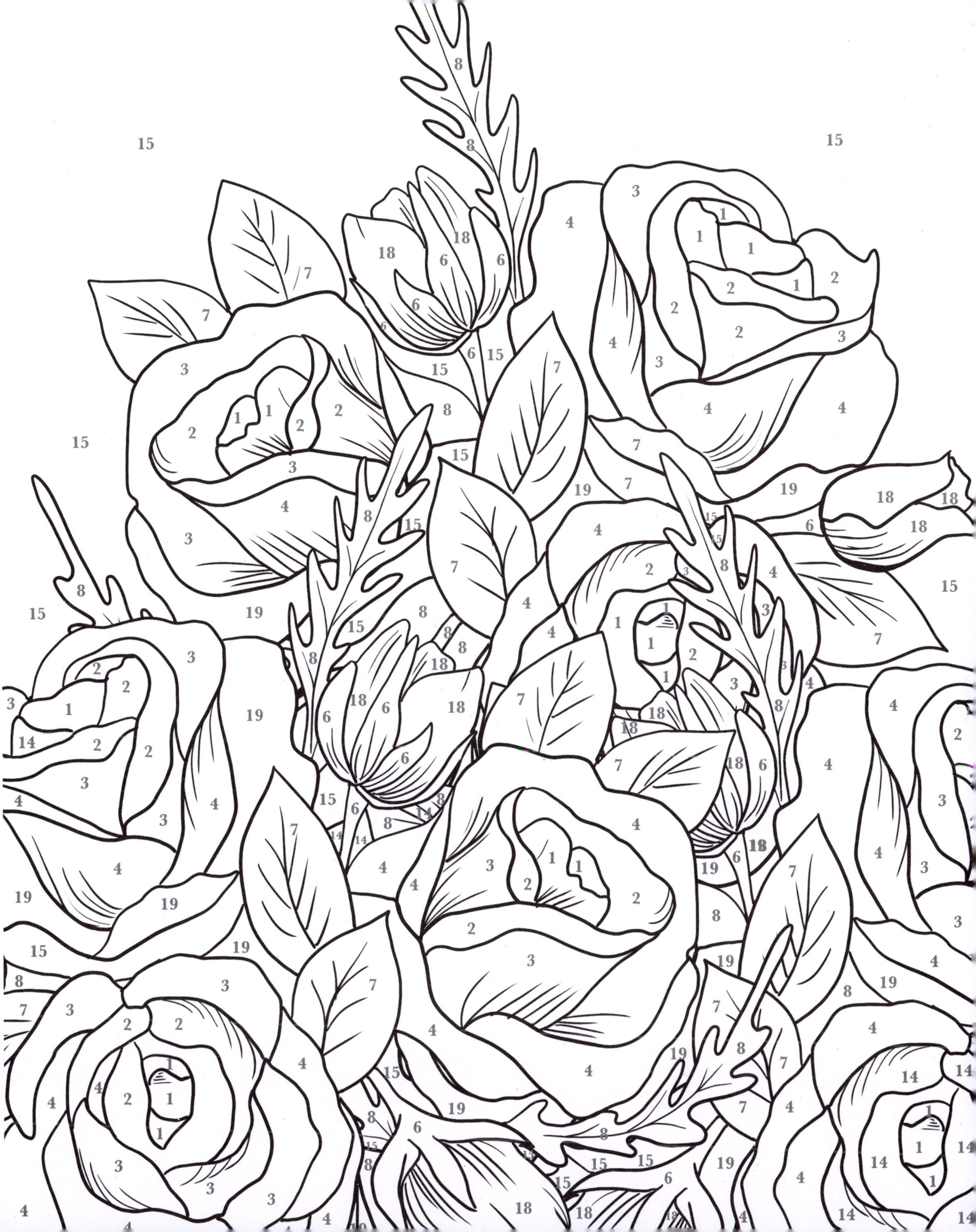

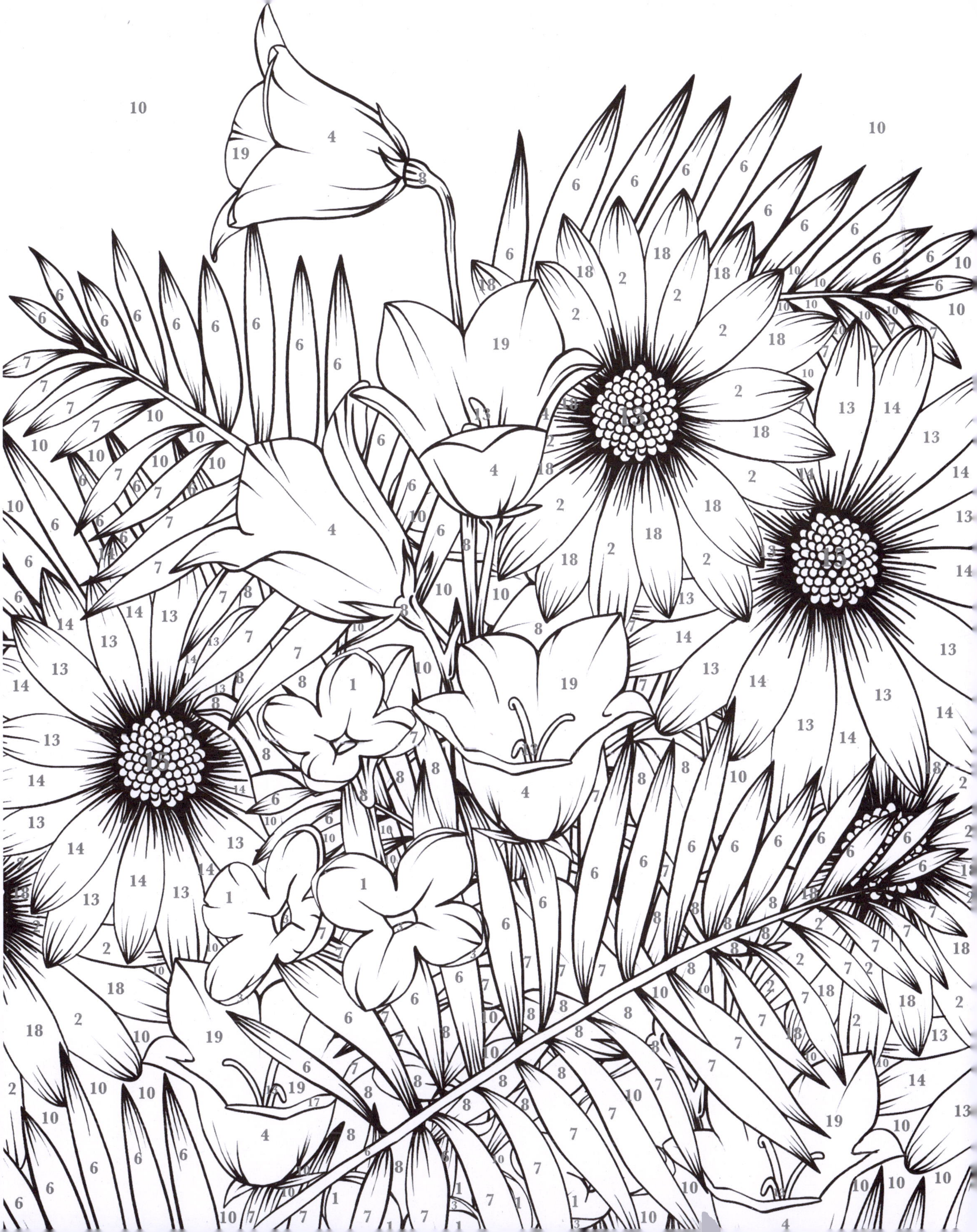

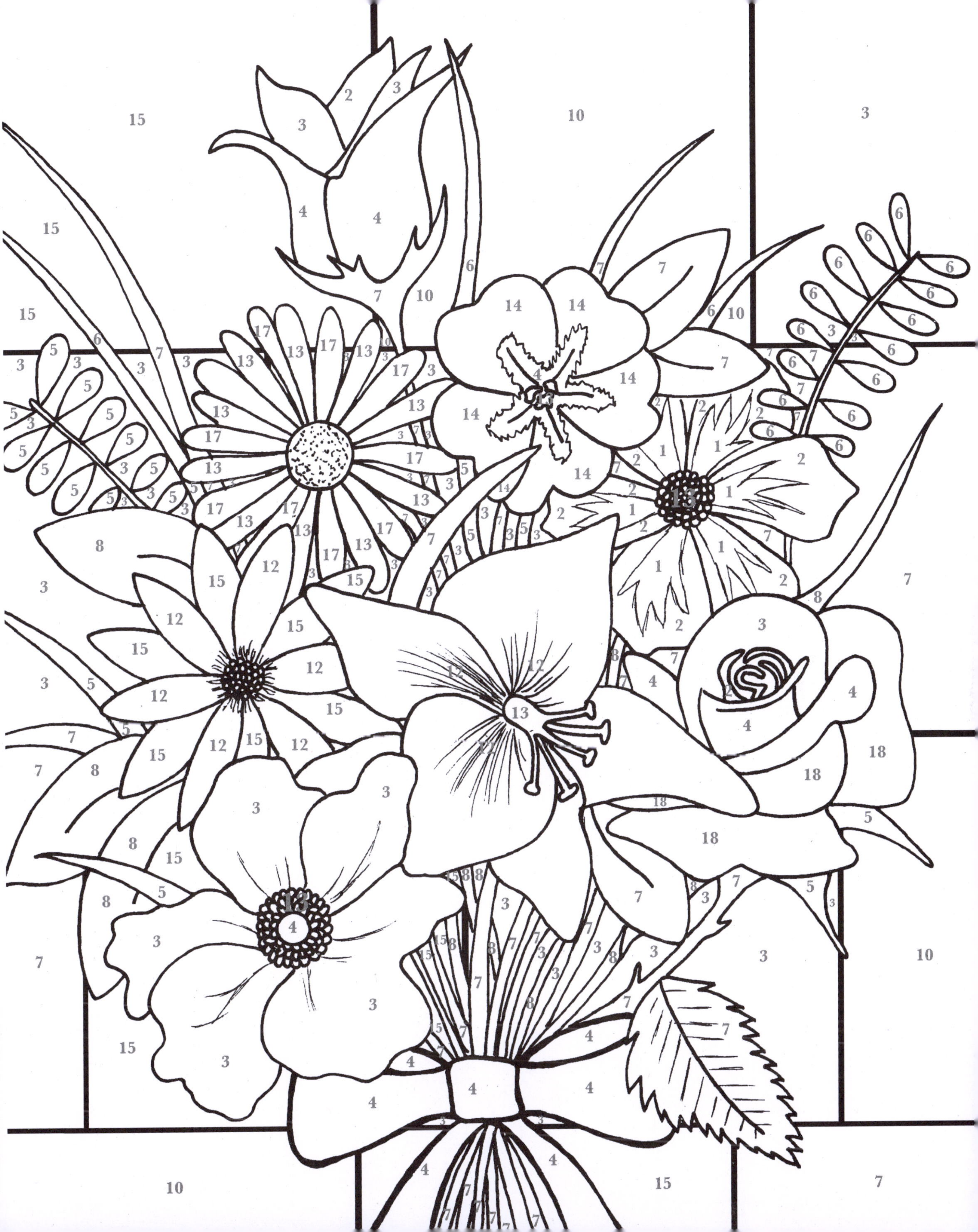

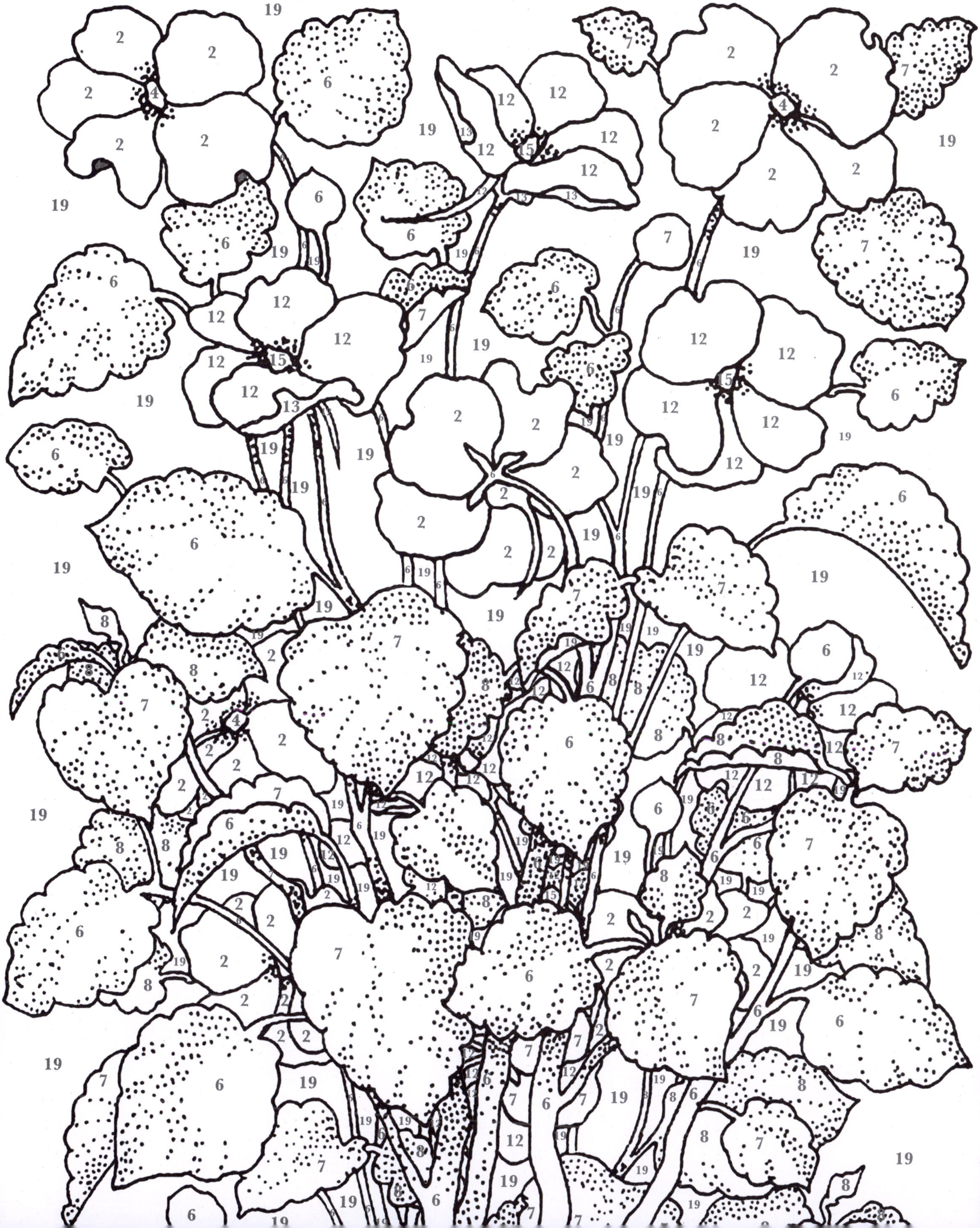

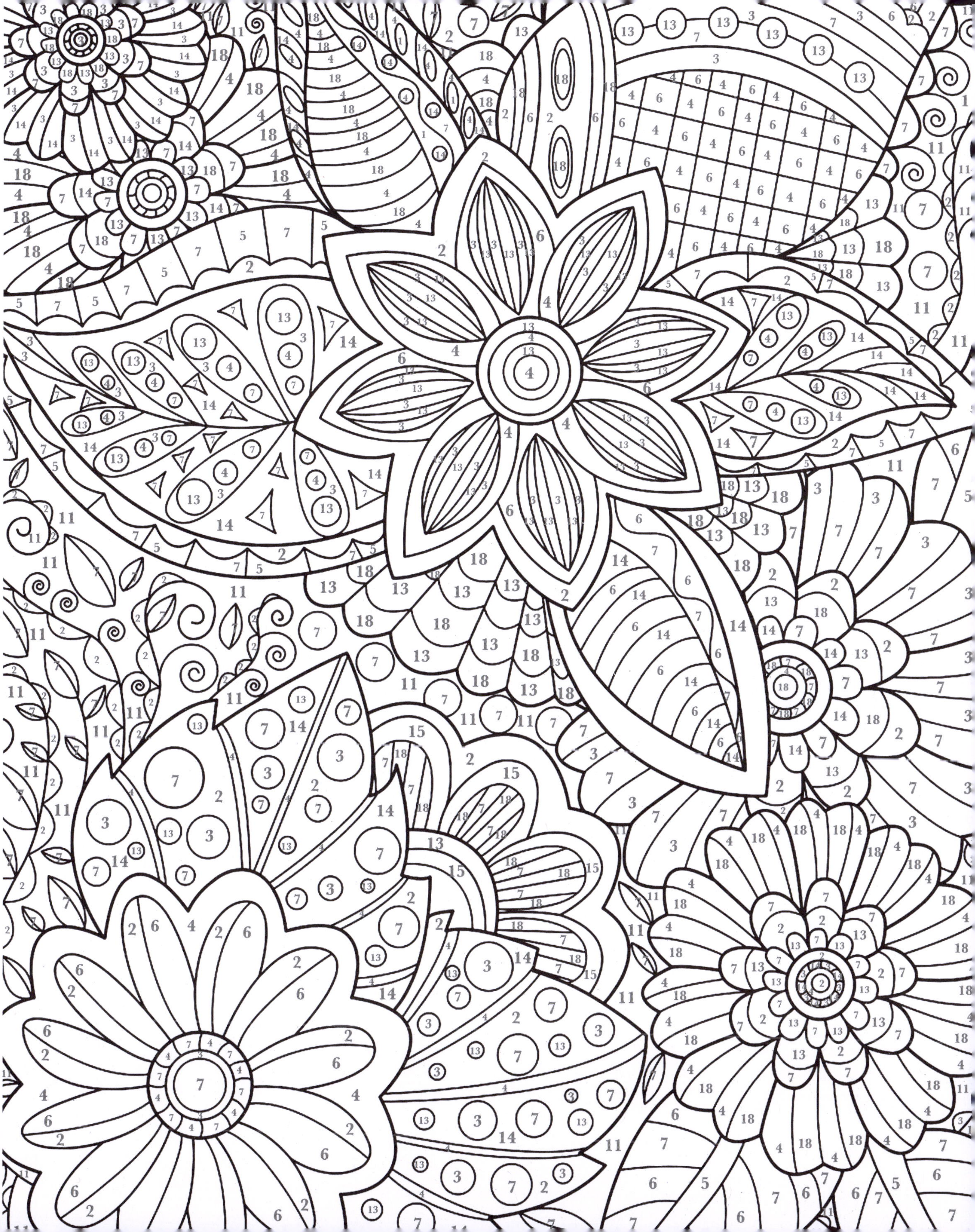